Lo bás...

A toolbox for basic S...

CRISTINA PALANCA MELO   GEIR STÅLE TENNFJORD

Illustrated by Luis Ligarribay

Edi
numen

First edition, 2009

© Amares AS, 2009
www.amares.no

Illustrator: Luis Ligarribay, luiso-birome.blogspot.com
Graphic design: OPAL design, Margrete Tennfjord
Typesetting: OPAL design, www.opal-design.com
Set in Univers and Garamond
ISBN 978-82-8223-001-8

© Editorial Edinumen, 2010

Depósito legal: M-33588-2010
ISBN: 978-84-9848-208-9
Impreso en España
Printed in Spain

Edición:
David Isa

Maquetación:
Ana M.ª Gil

Impresión:
Gráficas Glodami, Coslada. Madrid

Editorial Edinumen
José Celestino Mutis, 4. 28028 Madrid
Teléfono: 91 308 51 42
Fax: 91 319 93 09
e-mail: edinumen@edinumen.es
www.edinumen.es

Contents

Introduction   4
Practical hints   5

1. A bunch of words   7

La identificación   8
La persona   10
La familia   14
La educación   18
El trabajo   22
La vivienda   26
Comer y beber   34
La compra   39
Las celebraciones   42
El tiempo libre   44
Los deportes   48
De compras   50
Animales y plantas   54
El tiempo   58
Viajar   60
La ciudad   64
El transporte   66
La salud   68
El arregio personal   72
Los medios de comunicación   74
El dinero   76
La tecnología   78
La sociedad   80
Cajón de sastre   82

2. A load of verbs   87

The verb   87
-AR verbs   89
-ER verbs   92
-IR verbs   94
Irregular verbs   96
Use of *ser* and *estar*   105
The verb *gustar*   107
Uses of *hay* or *está/están*   108
Modal and auxiliary verbs   109
Verbal periphrasis   110
Reflexive verbs   111
Use of *haber* and *tener*   112
Negation   112
Expressions with *tener* and *estar* 113

3. Construction elements   115

4. A collection of phrases   137

Useful phrases   137
Common dialogues   141

5. Alphabetic index   161

Introduction

Lo básico gives a broad view of elementary Spanish. It contains practical modern vocabulary, the most commonly used verbs and simple grammar for beginners. It provides all the elements needed to reach level A2 in the *Common European framework of reference for languages*.

As it gives teachers complete freedom in its use, this book is recommended as a complement to any textbook and/or for independent use for intermediate and secondary school certificate teaching levels. It can be adapted and combined perfectly with modern technology.

It also an ideal self-teaching method. The aim has been to provide a simple, compact and structured presentation of all subjects. Both the vocabulary and grammar take the form of "cribs", helping the student to focus.

The parts can be freely combined and open the door to following the principles of the educationalist Maria Montessori: "Provide freedom in a prepared environment".

Learning Spanish, like any other language, requires effort and patience. With **Lo básico** we aim to soften the onerous parts of learning, presenting it in comic form with entertaining illustrations by the cartoonist Luis Ligarribay. The characters are the same ones that appear in our previous book, **Lo dicho**, which contains a wide range of Spanish colloquial idiomatic expressions.

C & G

Practical hints

The book, **Lo básico**, is made up of four main parts which can be used independently in the classroom with no pre-established order. At the end there is a dictionary of all the words in the book with page references. The book's contents follow the goals of the *Common European framework of reference for languages*, the basis for the European portfolio, point by point.

The decision was taken to present the titles and explanations in English, but Spanish has been maintained in the tables and headings to familiarise students with the concepts.

1 - A bunch of words
This section contains the vocabulary corresponding to 24 themes chosen for the importance of their use. The groups of words are in numbered and named boxes.

Within the boxes, the words are in different colours. Masculine words are in **blue** and feminine in **pink**. Neuter words are in **grey** and those that can be either masculine or feminine are in **green**.

2 - A load of verbs
This section contains 200 of the most commonly used verbs. The selection is based on a review of different methods for learning Spanish at levels A1-A2-B1.
The Spanish verbs are grouped into three major categories, according to whether the infinitive ends in -ar, -er or -ir. Firstly there is a table of conjugations for the basic tenses and then the numbered list for each group.

Verbs which show some sort of irregularity in their conjugation are indicated in red. The conjugation of these irregular verbs is categorised in the next section.
The remaining basic information of the verbs appears at the end of the chapter.

3 - Construction elements

This section contains the rest of the elements needed to form Spanish sentences. It includes pronunciation and spelling rules. Then all the parts of the sentence are presented in a structured form, along with a selection of words you need to learn at this level.

4 - A collection of phrases

Included in this section are more common and practical phrases used to start communicating: greeting, saying goodbye, apologising, wishing someone luck, asking for directions, asking for the time, etc.

Next there are examples of day to day dialogues like the ones you can hear in real life situations. These correspond to the vocabulary themes and can be used to practise the content in various ways.

The sketches illustrating the ideas open the door to working with the content and its meaning in various ways.

1 A bunch of words

1.1 Países y nacionalidades — Countries and nationalities

Estados Unidos	United States	**americano** /-a	American
China	China	**chino** /-a	Chinese
Japón	Japan	**japonés** /-a	Japanese
Brasil	Brazil	**brasileño** /-a	Brazilian
Argentina	Argentina	**argentino** /-a	Argentinean
México	Mexico	**mexicano** /-a	Mexican
España	Spain	**español** /-a	Spanish
Portugal	Portugal	**portugués** /-a	Portuguese
Inglaterra	England	**inglés** /-a	English
Francia	France	**francés** /-a	French
Alemania	Germany	**alemán** /-a	German
Rusia	Russia	**ruso** /-a	Russian
Italia	Italy	**italiano** /-a	Italian
Suecia	Sweden	**sueco** /-a	Swedish
Dinamarca	Denmark	**danés** /-a	Danish
Noruega	Norway	**noruego** /-a	Norwegian

1.2 La identificación — Identification

nombre	name
apellidos	surname
nacionalidad	nationality
sexo	gender
edad	age
casado /-a	married
soltero /-a	single
pasaporte	passport
país	country
fecha de nacimiento	birth date
lugar de nacimiento	birth place

1.3 Además — In addition

persona	person
mujer	woman
hombre	man
niño /-a	child
chico /-a	boy / girl

2 La persona

2.1 Personalidad	Personality
simpático /-a	nice
majo /-a	nice
listo /-a	clever
activo /-a	active
vago /-a	lazy
inteligente	intelligent
loco /-a	crazy
creativo /-a	creative
amable	kind
tonto /-a	silly
alegre	cheerful
triste	sad

2.2 Ser	To be
joven	young
mayor	old
alto /-a	tall
bajo /-a	short
gordo /-a	fat
atractivo /-a	attractive
delgado /-a	thin
guapo /-a	handsome / pretty
feo /-a	ugly
fuerte	strong
débil	weak
moreno /-a	dark-haired
rubio /-a	blond
pelirrojo /-a	redhead
calvo /-a	bald

2.3 Tener	To have
ojos azules	blue eyes
ojos verdes	green eyes
ojos negros	black eyes
gafas	glasses
barba	beard
bigote	moustache
pelo corto	short hair
pelo largo	long hair
pelo liso	straight hair
pelo rizado	curly hair

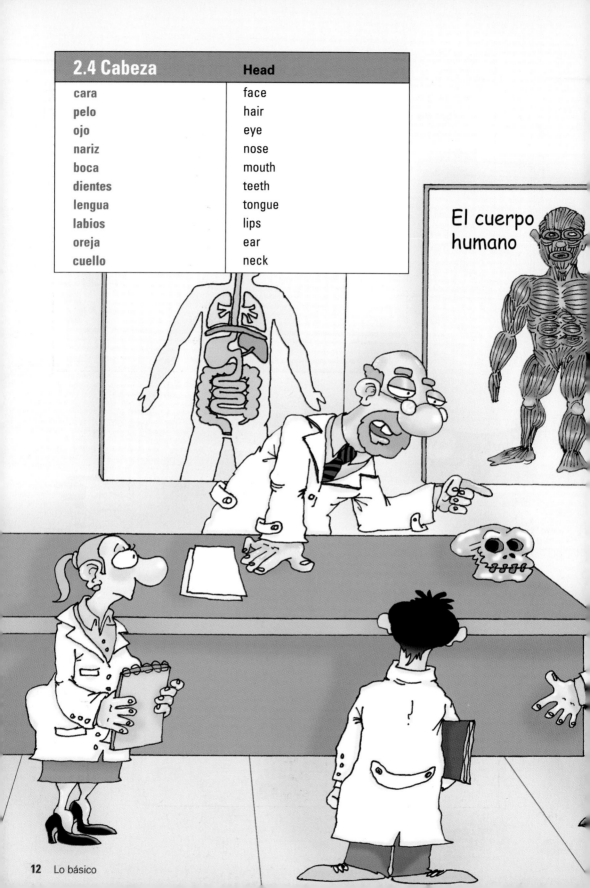

2.4 Cabeza — Head

cara	face
pelo	hair
ojo	eye
nariz	nose
boca	mouth
dientes	teeth
lengua	tongue
labios	lips
oreja	ear
cuello	neck

El cuerpo humano

2.5 Cuerpo	Body
hombro	shoulder
espalda	back
nalgas	buttocks
pecho	chest
estómago	stomach
barriga	belly
brazo	arm
codo	elbow
mano	hand
dedo	finger
uña	nail
pierna	leg
muslo	thigh
rodilla	knee
pie	foot

2.6 Además	In addition
cerebro	brain
corazón	heart
pulmón	lung
músculo	muscle
hueso	bone
piel	skin
sangre	blood

3 La familia

The family

3.1 La familia	The family
madre	mother
padre	father
padres	parents
hijo /-a	son / daughter
hijos	children
hermano /-a	brother / sister
hermanos	brothers / sisters
abuelo /-a	grandfather / grandmother
abuelos	grandparents
nieto /-a	grandchild
tío /-a	uncle / aunt
sobrino /-a	nephew / niece
primo /-a	cousin
parientes	relatives

3.2 Familia política	My wife's/husband's family (my in-laws)
suegro /-a	father-in-law / mother-in-law
yerno	son-in-law
nuera	daughter-in-law
cuñado /-a	brother-in-law

3.3 Parejas — Couples

novio /-a	boyfriend / girlfriend
esposo /-a	husband / wife
matrimonio	marriage
padrino	godfather
madrina	godmother
separado /-a	separated
divorciado /-a	divorced
viudo /-a	widower / widow

3.4 Además — In addition

boda	wedding
luna de miel	honeymoon
nacimiento	birth
bautizo	baptism
cumpleaños	birthday
primera comunión	First Communion
confirmación	confirmation
separación	separation
divorcio	divorce
funeral	funeral

4 La educación

4.1 Enseñanza — Education

guardería	nursery
colegio	school
instituto	secondary school
alumno /-a	pupil
estudiante	student
profesor /-a	teacher
director /-a	director
grupo	group

4.2 Asignaturas — Subjects

Lengua	Language
Literatura	Literature
Matemáticas	Mathematics
Física	Physics
Química	Chemistry
Ciencias sociales	Social sciences
Geografía	Geography
Historia	History
Ciencias naturales	Natural sciences
Educación física	Physical education
Religión	Religion

4.3 En la clase — In the classroom

clase	class
pizarra	board
tiza	chalk
borrador	board rubber
papelera	paper bin
pupitre	desk
proyector	projector
pantalla	screen

4.4 En la mochila — In the satchel

mochila	satchel
libro	book
calculadora	calculator
cuaderno	notebook
estuche	pencil case
lápiz	pencil
bolígrafo	pen
rotulador	felt pen
borrador	rubber
sacapuntas	pencil sharpener
regla	rule

4.5 Además — In addition

horario	timetable
aula	classroom
recreo	break, recess
deberes	homework
vacaciones	holiday
control	control
examen	exam
estudios	studies
memoria	memory
chuleta	crib

4.6 Sistema educativo español — Spanish Educational System

enseñanza infantil	preschool
enseñanza primaria	primary school
enseñanza secundaria	secondary education
formación profesional	professional training
grado medio	middle grade
grado superior	superior level
bachillerato	A levels
universidad	university
enseñanza no obligatoria	non-compulsory education
enseñanza obligatoria	compulsory education
ciclo	cycle
edad	age

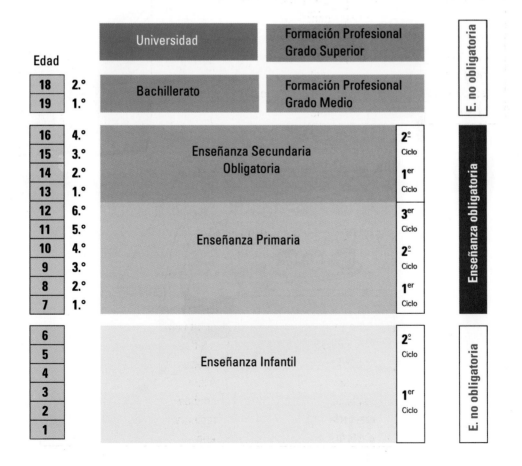

5 El trabajo

Work

5.1 Puestos de trabajo — Jobs

cargo	position
jefe /-a	boss
empleado /-a	employee
responsable	in charge
aprendiz /-a	trainee
suplente	substitute
funcionario /-a	government employee
gerente	manager
director /-a	director
auxiliar	auxiliary, assistant

5.2 Profesiones — Professions

médico /-a	medicine doctor
dentista	dentist
ingeniero /-a	engineer
arquitecto /-a	architect
policía	police
piloto	pilot
peluquero /-a	hairdresser
abogado /-a	lawyer
informático /-a	computer technician
fisioterapeuta	physiotherapist
psicólogo /-a	psychologist
logopeda	speech therapist
secretario /-a	secretary
entrenador /-a	coach
economista	economist

5.3 Más profesiones

More professions

bombero	firefighter
obrero /-a	worker
camarero /-a	waiter / waitress
jardinero /-a	gardener
cocinero /-a	chef
electricista	electrician
mecánico	mechanic
azafato /-a	steward (hostess)
ama de casa	housewife
conductor /-a	driver
agricultor /-a	farmer
vendedor /-a	seller
conserje	concierge
dependiente /-a	shop assistant

5.4 Lugares de trabajo — Work places

oficina	office
fábrica	factory
banco	bank
empresa	company
tienda	store
hospital	hospital

5.5 Además — In addition

despacho	office
planta	floor
departamento	department
almacén	warehouse
sala **de juntas**	meeting room
cantina	canteen
ordenador	computer
fax	fax
teléfono	phone
fotocopiadora	photocopier
impresora	printer
acuerdo	agreement
currículo	curriculum
solicitud	application
papel	paper
documento	document
paro	unemployment
parado /-a	unemployed

6.1 Espacios	Spaces
entrada	entrance hall
pasillo	corridor
habitación	room
terraza	terrace
balcón	balcony
jardín	garden
piscina	pool
garaje	garage
desván	attic
sótano	basement
trastero	storage room

6.2 Salón	Lounge
comedor	dining room
sofá	sofa
sillón	armchair
silla	chair
estantería	shelf
lámpara	lamp
televisor	TV set
cortinas	curtains
cuadro	picture
alfombra	carpet
mesa	table

6.3 Lavadero	Laundry
lavadora	washing machine
escoba	broom
recogedor	collector
cubo	bucket
trapo	piece of cloth
fregona	mop
aspiradora	vacuum cleaner

6.4 Dormitorio — Bedroom

cuarto	room
cama	bed
sábana	sheet
manta	blanket
colcha	bedspread
colchón	mattress
almohada	pillow
edredón	duvet
mesita **de noche**	nightstand
lamparita	lamp
cómoda	chest of drawers
armario	wardrobe

6.5 Cocina — Kitchen

nevera	fridge
congelador	freezer
cocina **de cocinar**	stove, cooker
horno	oven
lavavajillas	dishwasher
microondas	microwave
tostador	toaster
cafetera	coffee machine
encimera	worktop, countertop
fregadero	sink
cubo **de basura**	bin

6.6 Utensilios de cocina — Cookware

abrelatas	can opener
sacacorchos	corkscrew
batidora	mixer
sartén	frying pan
cacerola	pan
cazo	saucepan
tijeras	scissors

6.7 Cuarto de baño — Bathroom

cuarto de aseo	toilet
bañera	bath tub
inodoro	toilet, lavatory
lavabo	washbasin
grifo	tap
ducha	shower
toalla	towel
papel higiénico	toilet paper

6.8 En el baño — In the bathroom

gel de baño	bath gel
jabón	soap
champú	shampoo
pasta de dientes	toothpaste
cepillo de dientes	toothbrush
desodorante	deodorant
máquina de afeitar	shaver
espuma de afeitar	shaving cream
maquinilla de afeitar	shaving machine
cuchilla de afeitar	razor blade
peine	comb
cepillo	brush
secador	dryer
perfume	perfume

6.9 En la mesa	On the table
cubiertos	cutlery
cuchara	spoon
tenedor	fork
cuchillo	knife
cucharilla	teaspoon
plato	plate
taza	cup
vaso	glass
copa	glass (with stem)
jarra	jar

6.10 Además	In addition
servilletas	napkins
detergente	detergent
jabón	soap
pañales	diapers
vela	candle
bombilla	bulb

6.11 Herramientas — Tools

martillo	hammer
destornillador	screwdriver
llave inglesa	wrench
sierra	saw
taladradora	drill

6.12 Tipo de vivienda — Housing type

vivienda	housing
chalet	chalet
adosado	semidetached house
piso	floor
apartamento	apartment
estudio	studio apartment

6.13 Además   In addition

puerta	door
ventana	window
techo	ceiling
suelo	floor
tejado	roof
fachada	facade
ascensor	lift
pared	wall
chimenea	chimney
persiana	blind

7.1 Las comidas en España — Meals in Spain

desayuno	7:00 – 10:00	breakfast
almuerzo	11:00 – 12:00	lunch
aperitivo	13:00 – 14:00	appetizer
comida	14:00 – 15:30	food
merienda	17:00 – 19:00	afternoon snack
cena	20:30 – 24:00	dinner

7.2 Restaurante	Restaurant
carta	menu
camarero	waiter
menú del día	menu of the day
carta **de vinos**	wine list
raciones	portions
tapas	tapas
entrada	entry
primer plato	first course
segundo plato	main course
postre	dessert

7.3 Preparaciones	Preparations
al horno	baked
frito	fried
cocido	cooked
a la plancha	grilled
gratinado	gratin
guiso	stew
revuelto	scrambled eggs with…

7.4 Cómo está la comida	How the meal tastes
sabor	taste
soso /-a	lacking in salt
picante	spicy, hot
crudo /-a	raw
pasado /-a	overcooked
salado /-a	salted
rico /-a	good, nice
dulce	sweet
seco /-a	dry

7.5 Postres	Desserts
helado	ice cream
flan	caramel custard
arroz con leche	rice pudding
macedonia **de frutas**	fruit salad
tarta	cake

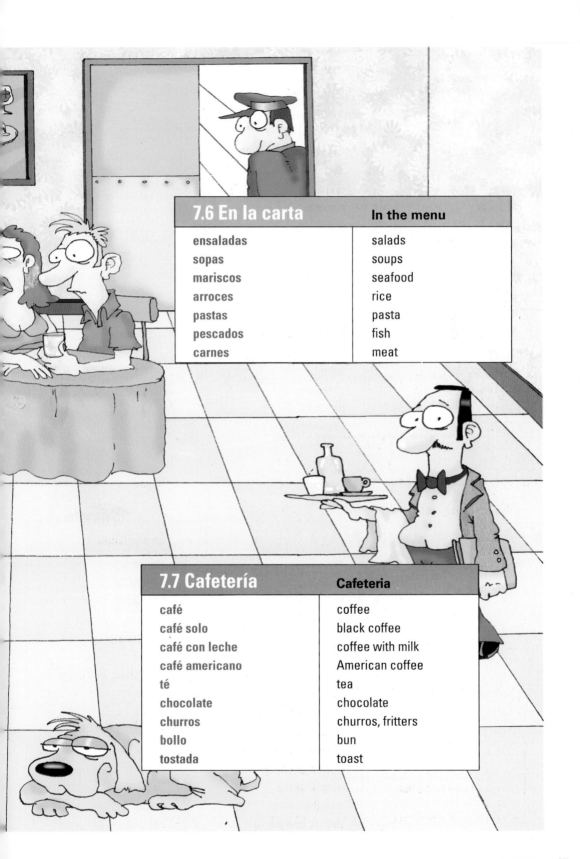

7.6 En la carta — In the menu

ensaladas	salads
sopas	soups
mariscos	seafood
arroces	rice
pastas	pasta
pescados	fish
carnes	meat

7.7 Cafetería — Cafeteria

café	coffee
café solo	black coffee
café con leche	coffee with milk
café americano	American coffee
té	tea
chocolate	chocolate
churros	churros, fritters
bollo	bun
tostada	toast

7.8 Bebidas — Drinks

agua	water
agua mineral	mineral water
agua con gas	sparkling water
agua sin gas	still water
zumo	juice
zumo de naranja	orange juice
refresco	soft drink
cerveza	beer
vino	wine

7.9 Golosinas — Candy

chocolatina	chocolate bar
caramelo	sweet
bombón	chocolate
palomitas	popcorn
chicle	chewing gum

7.10 Además — In addition

bocadillo	sandwich
bocata	sandwich
sándwich	sandwich
pizza	pizza
hamburguesa	hamburger
chuleta	chop
entrecot	fillet steak, entrecôte
filete	steak
salsa	sauce
crema	cream
puré	puree
menú	menu
guarnición	garnish
patatas fritas	chips
perrito caliente	hot dog

8.1 En la carnicería — At the butcher's shop

carne	meat
ternera	veal
vaca	cow
cerdo	pork
cordero	lamb
carne picada	minced meat
salchicha	sausage
pavo	turkey
pollo	chicken

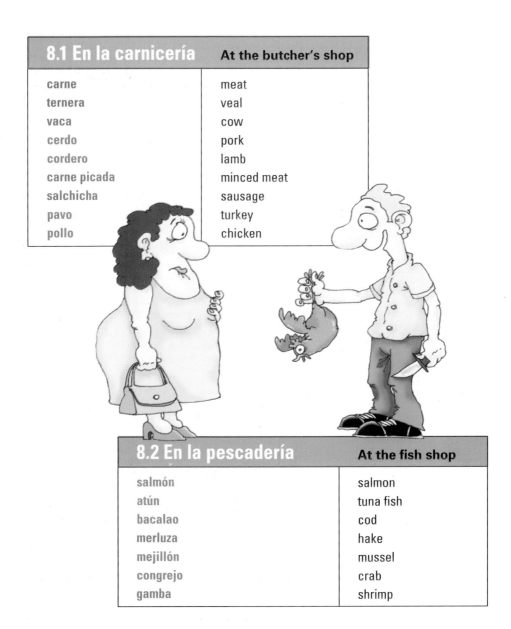

8.2 En la pescadería — At the fish shop

salmón	salmon
atún	tuna fish
bacalao	cod
merluza	hake
mejillón	mussel
congrejo	crab
gamba	shrimp

8.3 Lácteos — Milks

leche	milk
nata	cream
mantequilla	butter
yogur	yogurt
queso	cheese
desnatado /-a	skimmed

8.4 Verduras	Vegetables
zanahoria	carrot
coliflor	cauliflower
puerro	leek
patata	potato
tomate	tomato
pepino	cucumber
cebolla	onion
ajo	garlic
lechuga	lettuce

8.5 Frutas	Fruits
manzana	apple
naranja	orange
plátano	banana
pera	pear
fresa	strawberry

8.6 Además	In addition
harina	flour
aceite	oil
vinagre	vinegar
sal	salt
azúcar	sugar
especias	spices
fiambre	cold meats
margarina	margarine
congelados	frozen food

9.1 Navidad — Christmas

9.1 Navidad	Christmas
Nochebuena	Christmas Eve
Nochevieja	New Year's Eve
Año nuevo	New Year
Reyes	Epiphany, Three Wise Men's Day

9.2 Lo navideño	Christmas (+n)
lotería de Navidad	Christmas lottery
belén	crib
árbol de Navidad	Christmas tree
adornos de Navidad	Christmas ornaments
tarjeta de Navidad	Christmas card
Papá Noel	Santa Claus
regalo de Navidad	Christmas gift
turrón	nougat
uvas de la buena suerte	good luck grapes
roscón de Reyes	Three Wise Men's cake

9.3 Además	In addition
Semana Santa	Easter
Feria de Abril	April fair (Seville)
sanfermines	sanfermines (Pamplona)
Moros y Cristianos	Moors and Christians (Comunidad Valenciana)
carnaval	carnival
Las Fallas	The Fallas (Valencia)
Día de todos los Santos	All Saints Day
fiesta de pueblo	village fiesta

10.1 Tiempo libre — Leisure time

vacaciones	holidays
festivos	bank holidays
día libre	day off
fin de semana	weekend
puente	long weekend

10.2 Gente — People

amigo /-a	friend
colega	mate
compañero /-a	partner
conocido /-a	acquaintance
vecino /-a	neighbour

10.3 Espectáculos — Shows

cine	film
teatro	theatre
concierto	concert
danza	dance
toros	bullfighting

10.4 También	In addition
vida	life
relación	relationship
amor	love
amistad	friendship
beso	kiss
abrazo	hug
cita	date
charla	chat
chiste	joke
broma	joke
historia	story
mentira	lie
discusión	discussion
pelea	fight

10.5 Actividades	Activities
ir de compras	to go shopping
ir de visita	to go visiting
ir de juerga	to go out on the town
ir de marcha	to go out partying
ir de copas	to go drinking

10.6 Instrumentos musicales	Music instrument
guitarra	guitar
piano	piano
batería	drums
violín	violin
flauta	flute
trompeta	trumpet

10.7 Más actividades — More activities

discoteca	disco
hobbies	hobbies
entrenamiento	training
gimnasio	gym
paseo	walk
senderismo	hiking
footing	jogging
coro	choir
curso	course
dar una vuelta	to go for a walk
aire libre	outdoors

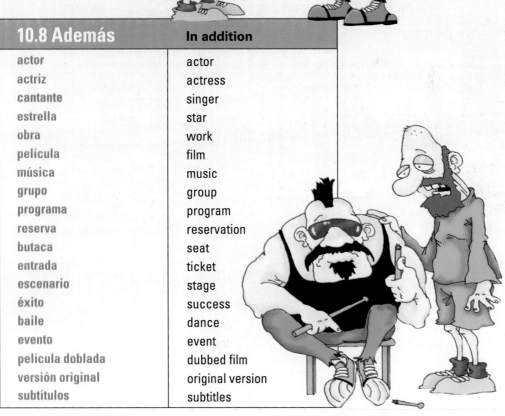

10.8 Además — In addition

actor	actor
actriz	actress
cantante	singer
estrella	star
obra	work
película	film
música	music
grupo	group
programa	program
reserva	reservation
butaca	seat
entrada	ticket
escenario	stage
éxito	success
baile	dance
evento	event
película doblada	dubbed film
versión original	original version
subtítulos	subtitles

11 Los deportes

11.1 Deportes	Sports
fútbol	football
tenis	tennis
golf	golf
natación	swimming
carreras **de coches**	car racing
atletismo	athletics
baloncesto	basketball
balonmano	handball
esquí	skiing
esquí **de fondo**	cross-country skiing
esquí **alpino**	downhill skiing

11.2 Además	In addition
equipo	team
hincha	supporter
pelota de…	…ball
balón	ball
gol	goal
fuera **de juego**	offside
penalti	penalty
saque **de esquina**	corner
falta	fault
saque **de banda**	throw-in
banda	touchline
tarjeta amarilla	yellow card
tarjeta roja	red card
partido	game
clasificación	classification
campo	field
estadio	stadium
grada	terrace
árbitro	referee
jugador	player

12 De compras

12.1 Calzado	Shoes
zapatos	shoes
botas	boots
zapatillas	slippers
sandalias	sandals
deportivos	sport shoes, sneakers, trainers
zapatillas de…	…shoes

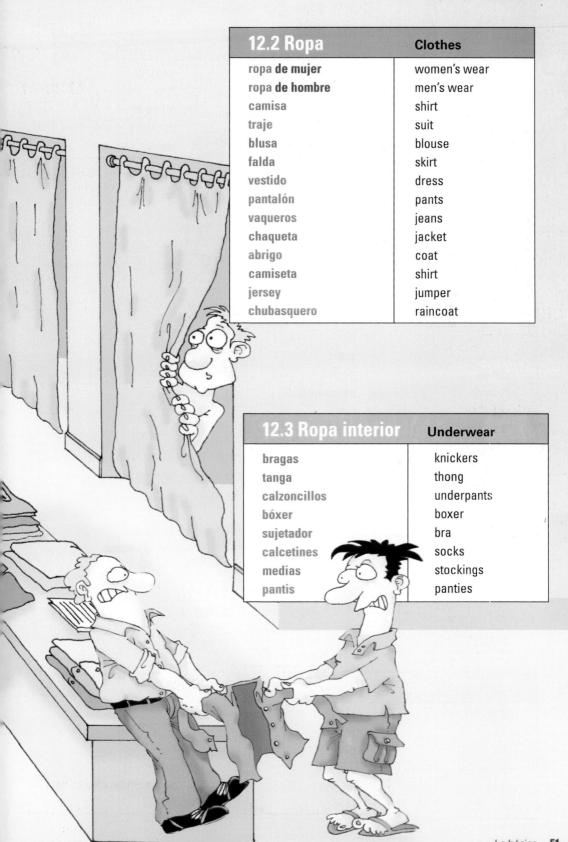

12.2 Ropa	Clothes
ropa **de mujer**	women's wear
ropa **de hombre**	men's wear
camisa	shirt
traje	suit
blusa	blouse
falda	skirt
vestido	dress
pantalón	pants
vaqueros	jeans
chaqueta	jacket
abrigo	coat
camiseta	shirt
jersey	jumper
chubasquero	raincoat

12.3 Ropa interior	Underwear
bragas	knickers
tanga	thong
calzoncillos	underpants
bóxer	boxer
sujetador	bra
calcetines	socks
medias	stockings
pantis	panties

12.4 Adornos — Ornaments

pendientes	earrings
anillo	ring
pulsera	bracelet
collar	necklace
reloj	watch

12.5 Accesorios — Accessories

corbata	tie
bufanda	scarf
guantes	gloves
pañuelo	handkerchief
cinturón	belt
bolso	handbag
mochila	bag
cartera	portfolio
sombrero	hat
gorro	hat
gorra	cap

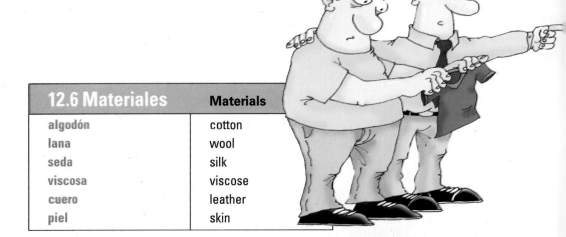

12.6 Materiales — Materials

algodón	cotton
lana	wool
seda	silk
viscosa	viscose
cuero	leather
piel	skin

12.7 Tiendas	Shops
joyería	jewellery
relojería	clock and watch shop
zapatería	shoe shop
boutique	boutique
tienda **de ropa**	clothes shop
estanco	tobacconist's
tienda **de deportes**	sports shop
centro comercial	shopping centre
librería / papelería	bookshop - stationer's

12.8 Además	In addition
talla	size
a rayas	striped
a lunares	polka-dot
a cuadros	checker
liso /-a	plain
corto /-a	short
largo /-a	long
ancho /-a	wide
estrecho /-a	narrow

13.1 En la granja — On the farm

caballo	horse
vaca	cow
cerdo	pig
oveja	sheep
cabra	goat
conejo	rabbit
gallina	hen
pato	duck
pavo	turkey

13.2 En el zoo	In the zoo
cebra	zebra
camello	camel
mono	monkey
león	lion
tigre	tiger
elefante	elephant
serpiente	snake
cocodrilo	crocodile

13.3 En casa	At home
perro	dog
gato	cat
loro	parrot
canario	canary
ratón	mouse

13.4 En el bosque	In the forest
ciervo	deer
oso	bear
zorro	fox
lobo	wolf
águila	eagle

13.5 En el mar	At sea
ballena	whale
tiburón	shark
delfín	dolphin
foca	seal
pingüino	penguin
gaviota	seagull

13.6 En el jardín	In the garden
planta	plant
árbol	tree
arbusto	bush
césped	grass
flor	flower
rosa	rose
tulipán	tulip

13.7 En el bosque	In the forest
pino	pine tree
abeto	fir
tronco	trunk
rama	branch
hierba	grass

13.8 Además	In addition
mariposa	butterfly
mosca	fly
mosquito	mosquito
araña	spider
abeja	bee
avispa	wasp
hormiga	ant

14.1 El tiempo	The weather
sol	sun
lluvia	rain
nieve	snow
granizo	hail
viento	wind
tormenta	storm
calor	heat
frío	cold

14.2 Además	In addition
temperatura	temperature
aire	air
clima	climate
hielo	ice
humedad	humidity
nube	cloud
cielo	sky
despejado	clear
rayo	bolt (of lightning)
trueno	thunder
paraguas	umbrella
el tiempo	the weather

15.1 Planear	Planning
fecha	date
destino	destination
viaje	trip
agencia **de viajes**	travel agency
lugar	place
billete	ticket
reserva	reservation
línea aérea	airline
pasaporte	passport
divisa	currency
seguro **de viaje**	travel insurance
seguro **de enfermedad**	health insurance

15.2 En el avión — In the airplane

maleta	suitcase
equipaje **de mano**	hand luggage
aeropuerto	airport
vuelo	flight
vuelo directo	direct flight
pasajero	passenger
escala	stop
salida	departure
llegada	arrival
facturación	check-in
sobrepeso	overweight
control **de seguridad**	security control
información	information
puerta **de embarque**	gate
asiento	seat
ventana	window
cinturón **de seguridad**	seatbelt
pasillo	aisle

15.3 Además — In addition

puerto	port
muelle	pier, wharf
camarote	cabin
estación	station
andén	platform
coche cama	sleeping car
revisor	ticket inspector
conductor /-a	driver
horarios	schedules, timetables
ruta	route
parada	stop

15.4 Vacaciones	Holidays
vacaciones **en el mar**	holidays at sea
vacaciones **en la montaña**	mountain holidays
vacaciones **culturales**	cultural holidays
veraneo	summer holidays
costa	coast
mar	sea
piscina	pool
interior	inside
montaña	mountain
glaciar	glacier
río	river
lago	lake

15.5 En la playa	On the beach
arena	sand
roca	rock
bañador	swimsuit
biquini	bikini
chanclas	slippers
crema **de sol**	sun cream
gafas **de sol**	sunglasses
chiringuito	refreshment stall
sombrilla	umbrella
tumbona	sun lounger

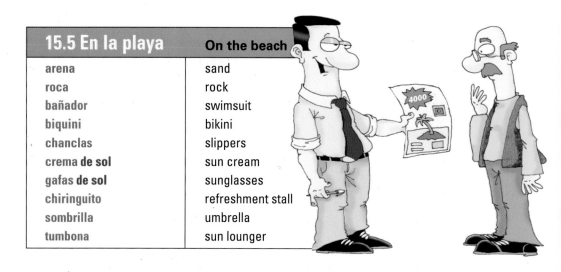

15.6 En el hotel	In the hotel
recepción	reception
reserva	reservation
habitación	room
llave	key
pensión completa	full board
media pensión	half board
aire acondicionado	air conditioning

15.7 Además	In addition
coche **de alquiler**	car rental
guía	guide
mapa	map
visita	visit
museo	museum
acuario	aquarium
parque **de atracciones**	amusement park
zoo	zoo
turístico	tourist
cámara **de fotos**	camera
cámara **de vídeo**	video camera

16 La ciudad

The city

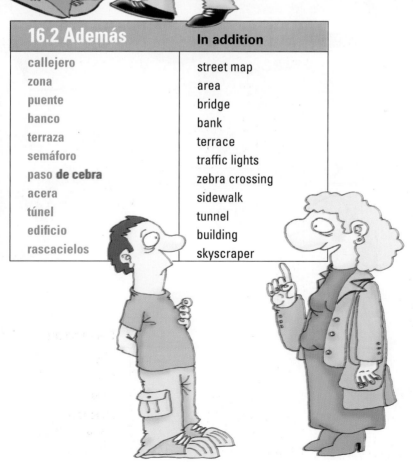

16.1 En la ciudad — In the city

calle	street
avenida	avenue
plaza	square, circus
plaza mayor	main square
ayuntamiento	Town Hall
parque	park
centro	centre
mercado	market
mercadillo	flea market
calle peatonal	pedestrian street
casco histórico	old town
museo	museum
biblioteca	library
palacio	palace
iglesia	church

16.2 Además — In addition

callejero	street map
zona	area
puente	bridge
banco	bank
terraza	terrace
semáforo	traffic lights
paso de cebra	zebra crossing
acera	sidewalk
túnel	tunnel
edificio	building
rascacielos	skyscraper

17 El transporte

17.1 Mar y aire — Sea and air

barco	ship
ferry	ferry
crucero	cruise
helicóptero	helicopter
avión	plane

17.2 Vehículos	Vehicles
coche	car
camión	truck
furgoneta	van
autobús	bus
bicicleta	bicycle
taxi	taxi
moto	motorcycle
tranvía	tram
metro	subway
tren	train

17.3 Además	In addition
peaje	toll
autopista	highway
carretera	road
gasolinera	gas station
gasóleo	diesel
gasolina	gasoline

18.1 Dolores — Pains

dolor **de cabeza**	headache
dolor **de estómago**	stomachache
dolor **de oídos**	earache
dolor **de espalda**	backache
dolor **de muelas**	toothache
dolor **de garganta**	sore throat

18.2 Enfermedad	Disease
gripe	flu
constipado	cold
fiebre	fever
vómito	vomit
mareo	dizziness
alergia	allergy
diarrea	diarrhoea
fractura	fracture
apendicitis	appendicitis

18.3 En el hospital — At the hospital

salud	health
hospital	hospital
médico /-a	medicine doctor
enfermera	nurse
paciente	patient
sano /-a	healthy
enfermo /-a	ill
análisis de…	analysis of…
tensión	blood pressure
medicina	medicine
pastilla	tablet, pill
radiografía	X-ray
seguridad social	social security
seguro	insurance

SEÑORA LÓPEZ... LE TENGO MUY BUENAS NOTICIAS...

¡SEÑORITA, DOCTOR... SEÑORITA!

BUENO... SEÑORITA LÓPEZ, ¡LE TENGO MUY MALAS NOTICIAS!

19 El arreglo personal

Personal care

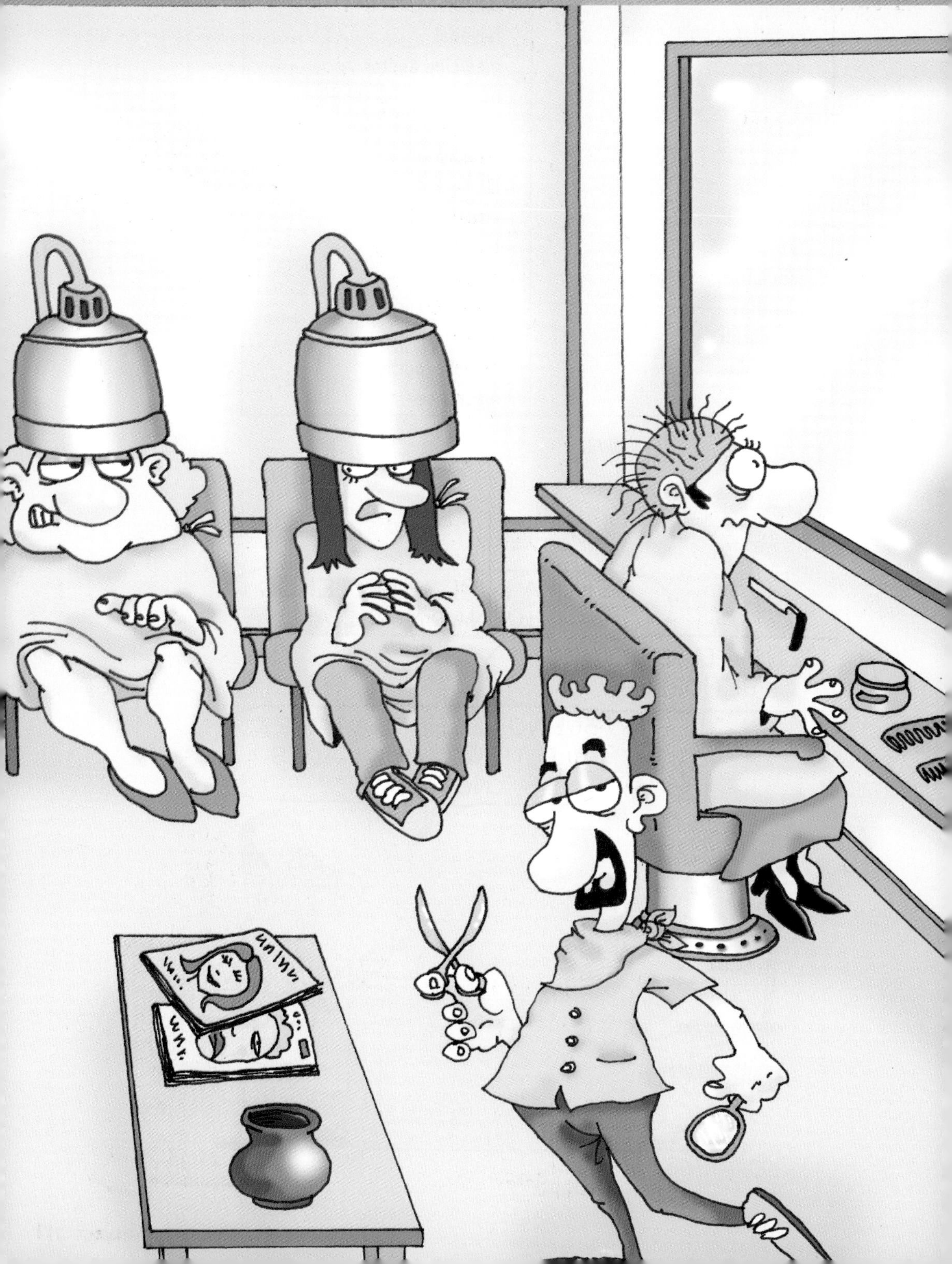

19.1 En la peluquería — At the heairdresser's

peluquero /-a	hairdresser
corte **de pelo**	haircut
lavado	washing
peinado	hairstyle
espuma	foam
tinte	dye
mechas	wicks
secador	dryer
laca	hairspray
espejo	mirror

19.2 Cosmética — Cosmetics

crema hidratante	moisturizing cream
maquillaje	makeup
sombra **de ojos**	eye shadow
rímel	mascara
pintalabios	lipstick
laca **de uñas**	nail varnish
perfume	perfume

20.1 Televisión	Television
cadena	channel
programa	program
reportaje	report
concurso	competition
telediario	newscast
documental	documentary
serie	series
culebrón	soap opera
corte publicitario	commercial break
periodista	journalist
entrevista	interview

20.2 Además	In addition
radio	radio
prensa	press
periódico	newspaper
revista	magazine
revista **del corazón**	gossip magazine
publicidad	advertising
famoso	famous
noticia	news

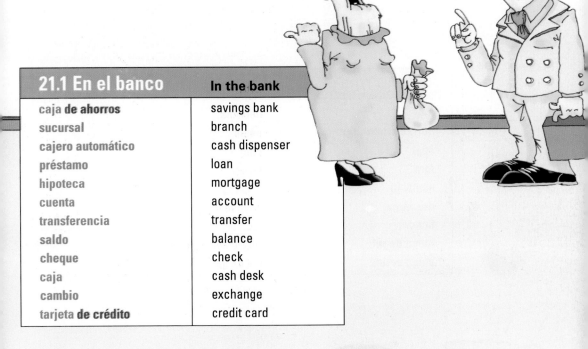

21.1 En el banco — In the bank

caja **de ahorros**	savings bank
sucursal	branch
cajero automático	cash dispenser
préstamo	loan
hipoteca	mortgage
cuenta	account
transferencia	transfer
saldo	balance
cheque	check
caja	cash desk
cambio	exchange
tarjeta **de crédito**	credit card

21.2 Además — In addition

dinero	money
efectivo	cash
sueldo	salary
nómina	payroll
pago	payment
factura	invoice
lotería	lottery

22 La tecnología

22.1 Internet	Internet
red	network
correo electrónico	email
chat	chat
foro	forum
mensaje	message
descarga	download
fichero	file
juego **de rol**	role-playing game
juego online	online game

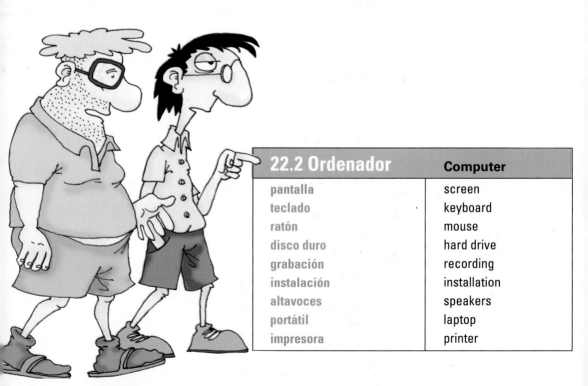

22.2 Ordenador	Computer
pantalla	screen
teclado	keyboard
ratón	mouse
disco duro	hard drive
grabación	recording
instalación	installation
altavoces	speakers
portátil	laptop
impresora	printer

22.3 Además

In addition

teléfono móvil	mobile phone
teléfono fijo	fixed line
mensaje corto	short message
buzón de voz	voice mail
llamada	call
llamada perdida	lost call
tarjeta prepago	prepaid card
juego	game
consola	console
tecla	key
pila	battery
alimentación	power supply
cable	cable
cascos	headphones
cadena de música	stereo

23.1 Sociedad — Society

democracia	democracy
parlamento	parliament
diputado	Member of Parliament (MP)
partido	party
política	policy
político	politician
izquierda	left
derecha	right
centro	centre
elecciones	elections
votación	vote
gobierno	government
presidente	President
presidente **del gobierno**	Prime Minister
rey	King
reina	Queen
príncipe	Prince
princesa	Princess
monarquía	monarchy
alcalde	Mayor
concejal	councilor

23.2 Además — In addition

Naciones Unidas	United Nations
Unión Europea	European Union
frontera	border
aduanas	customs
inmigración	immigration
policía	police
Guardia Civil	Guardia Civil
seguridad	security
arma	weapon
paz	peace
guerra	war
conflicto	conflict

24 Cajón de sastre

24.1 Meses del año	Months
enero	January
febrero	February
marzo	March
abril	April
mayo	May
junio	June
julio	July
agosto	August
septiembre	September
octubre	October
noviembre	November
diciembre	December

24.2 Días de la semana	Days
lunes	Monday
martes	Tuesday
miércoles	Wednesday
jueves	Thursday
viernes	Friday
sábado	Saturday
domingo	Sunday

24.3 Estaciones del año	Seasons
primavera	spring
verano	summer
otoño	autumn
invierno	winter

24.4 Colores — Colours

rojo /-a	red
azul	blue
amarillo /-a	yellow
verde	green
naranja	orange
rosa	pink
lila	lilac
marrón	brown
blanco /-a	white
negro /-a	black
gris	grey

24.5 Tamaños y formas — Sizes and shapes

grande	big
pequeño /-a	small
mediano /-a	medium
redondo /-a	round
cuadrado /-a	square

24.6 Tiempo cronológico — Time

tiempo	time
segundo	second
minuto	minute
hora	hour
día	day
semana	week
mes	month
año	year
siglo	century

24.7 Ordinales — Ordinal numbers

primero /-a	first
segundo /-a	second
tercero /-a	third
cuarto /-a	fourth
quinto /-a	fifth
sexto /-a	sixth
séptimo /-a	seventh
octavo /-a	eighth
noveno /-a	ninth
décimo /-a	tenth

24.8 Puntos cardinales — Cardinal points

Norte	North
Sur	South
Este	East
Oeste	West

24.9 Además — In addition

claro /-a	clear
oscuro /-a	dark
suave	smooth
blando /-a	soft
duro /-a	hard

24.10 Números — Numbers

uno	one
dos	two
tres	three
cuatro	four
cinco	five
seis	six
siete	seven
ocho	eight
nueve	nine
diez	ten
once	eleven
doce	twelve
trece	thirteen
catorce	fourteen
quince	fifteen
dieciséis	sixteen
diecisiete	seventeen
dieciocho	eighteen
diecinueve	nineteen
veinte	twenty
veintiuno…	twenty-one…
treinta	thirty
treinta y uno…	thirty-one…
cuarenta	forty
cincuenta	fifty
sesenta	sixty
setenta	seventy
ochenta	eighty
noventa	ninety
cien	one hundred
doscientos…	two hundred…
quinientos	five hundred
mil	one thousand
millón	one million

2 A load of verbs

This chapter includes the information relating to verbs.

Verbs are conjugated according to person and number:

Singular			Plural		
1. pers	2. pers	3. pers	1. pers	2. pers	3. pers
yo	tú	él /ella usted	nosotros nosotras	vosotros vosotras	ellos/ellas ustedes
I	you	he/she/You	we	you	they/You

> The personal pronoun can be left out as each person has its own verb form.
> Yo estudio español. <-> Estudio español.

Lugar del verbo		Position of the verb
Affirmative	Peter <u>habla</u> español	Peter <u>speaks</u> Spanish
Negative	Peter <u>no habla</u> español	Peter <u>doesn't speak</u> Spanish
Interrogative	¿Peter <u>habla</u> español? ¿<u>Habla</u> español Peter?	<u>Does</u> Peter <u>speak</u> Spanish?
Negative interrogative	¿Peter <u>no habla</u> español? ¿<u>No habla</u> español Peter?	<u>Doesn't</u> Peter <u>speak</u> Spanish?

Tiempos y modos del verbo — Verb tenses and modals

Present	Presente indicativo	**Indicates current events. It is sometimes used to narrate past events (*the historical present*). It can also refer to future events.** Bebo agua en las comidas. El hombre llega a la luna en el año 1969. Mañana trabajo por la tarde.
	Presente progresivo	**Indicates an action in progress.** Estoy leyendo un libro.
Past	Pretérito perfecto	**Describes a past action which resulted in something important for the speaker. A more or less close relationship is understood with the present.** **It is used with time markers such as: Hoy, esta tarde, este mes, estos días, esta semana, este año, últimamente, etc.** Hoy he comido en casa. Este mes he estudiado mucho. **Something which started, continues and is not finished.** María ha trabajado mucho en su vida. **Something which has happened and can happen again.** Hemos participado dos veces en el programa.
	Pretérito indefinido	**Presents an action completed at a time which has already passed.** **It is used with time markers such as: ayer, el sábado, la semana pasada, el año pasado, hace tres años, en 2007, aquel verano...** El año pasado terminé la carrera. **It serves to arrange a series of actions in chronological order.** Ayer me levanté tarde, desayuné y me fui de compras.
	Pretérito imperfecto	**It is used to talk about daily doings in the past.** Por las tardes salíamos a dar un paseo y nos divertíamos. **It is used to describe things in the past.** Mi padre era moreno y tenía el pelo rizado. El pueblo donde veraneaba tenía mucho encanto. La chaqueta que llevaba era marrón, tenía botones dorados y era preciosa.
Future	Futuro simple	**Expresses an independent future action.** Lloverá. **It is used to indicate probability or supposition.** Valdrá veinte euros.
	Futuro de intención	**Expresses intention to do something.** Voy a estudiar español en Madrid.
Imperative	Imperativo	**Expressing orders or giving advice.** Repite, por favor. ¡Ten cuidado!

Regular verbs

Verbs are classified into three large groups or conjugations depending on the last two letters of the infinitive: **-ar**, **-er**, **-ir**.

There are regular and irregular verbs in the following verb lists. Those in red show some sort of irregularity. The ones which end in –*se* are reflexive.

-AR verbs

1ª Conjugación

Regular verbs		Singular			Plural		
		1. pers	**2. pers**	**3. pers**	**1. pers**	**2. pers**	**3. pers**
hablar / to speak		yo	tú	él /ella usted	nosotros nosotras	vosotros vosotras	ellos/ellas ustedes
Present	Presente indicativo	hablo	hablas	habla	hablamos	habláis	hablan
	Presente progresivo	estoy hablando	estás hablando	está hablando	estámos hablando	estáis hablando	están hablando
Past	Pretérito perfecto	he hablado	has hablado	ha hablado	hemos hablado	habéis hablado	han hablado
	Pretérito indefinido	hablé	hablaste	habló	hablamos	hablásteis	hablaron
	Pretérito imperfecto	hablaba	hablabas	hablaba	hablábamos	hablabais	hablaban
Future	Futuro simple	hablaré	hablarás	hablará	hablaremos	hablaréis	hablarán
	Futuro de intención	voy a hablar	vas a hablar	va a hablar	vamos a hablar	vais a hablar	van a hablar
Imperative	Imperativo	–	habla hable (ud.)	–	–	hablad hablen(uds.)	–

	Verbos -AR	1 – 33
1	**aceptar**	to accept
2	acercar(se)	to move closer
3	acordar(se)	to agree
4	acostar(se)	to lie down
5	**afeitar(se)**	to shave
6	**ahorrar**	to save
7	almorzar	to have lunch
8	**alquilar**	to rent
9	**amar**	to love
10	andar	to walk
11	**apagar**	to switch off
12	**aprobar**	to approve
13	**arreglar**	to repair
14	**avisar**	to warn, to inform
15	**ayudar**	to help
16	**bailar**	to dance
17	**bajar**	to lower, to go down
18	**bañar(se)**	to have a bath
19	**besar**	to kiss
20	**borrar**	to delete
21	**buscar**	to look for
22	calentar	to heat
23	**cambiar**	to change
24	**cansar(se)**	to get tired
25	**cantar**	to sing
26	**casar(se)**	to get married
27	**celebrar**	to celebrate
28	**cenar**	to have dinner
29	cerrar	to close
30	**charlar**	to chat
31	**chatear**	to chat
32	**cocinar**	to cook
33	**comparar**	to compare

	Verbos -AR	34 – 68
34	**completar**	to complete
35	**comprar**	to buy
36	contar	to count, to tell
37	**contestar**	to answer
38	**continuar**	to continue
39	copiar	to copy
40	**cortar**	to cut
41	costar	to cost
42	cruzar	to cross
43	**cuidar**	to take care of
44	dar	to give
45	**dejar**	to leave
46	**desayunar**	to have breakfast
47	**descansar**	to rest
48	**desear**	to want
49	despertar(se)	to wake up
50	**dibujar**	to draw
51	**duchar(se)**	to have a shower
52	**durar**	to last
53	**echar**	to throw
54	**emborrachar(se)**	to get drunk
55	**empezar**	to start
56	**encantar**	to adore
57	encontrar	to find
58	**enseñar**	to teach
59	**entrar**	to enter
60	**entrenar**	to train
61	**enviar**	to send
62	escuchar	to listen
63	**esperar**	to wait
64	**esquiar**	to ski
65	estar	to be
66	**estudiar**	to study
67	explicar	to explain
68	**faltar**	to lack, to miss

	Verbos -AR	69 – 99
69	**felicitar**	to congratulate
70	**fumar**	to smoke
71	**ganar**	to win
72	**gastar**	to spend
73	**girar**	to turn
74	**guardar**	to put, to keep, to save
75	**gustar**	to like
76	**hablar**	to speak
77	**importar**	to import, to matter
78	**interesar**	to interest
79	**invitar**	to invite
80	jugar	to play
81	**lavar(se)**	to wash
82	**levantar(se)**	to get up
83	**limpiar**	to clean
84	**llamar(se)**	to call (oneself)
85	**llegar**	to arrive
86	**llenar**	to fill
87	**llevar(se)**	to carry, to take
88	**mandar**	to tell, to send
89	**marcar**	to mark
90	**matar**	to kill
91	**mirar**	to look at
92	**molestar**	to disturb
93	**montar(se)**	to ride
94	**nadar**	to swim
95	**necesitar**	to need
96	nevar	to snow
97	**olvidar**	to forget
98	**opinar**	to think
99	pagar	to pay

	Verbos -AR	100 – 132
100	**parar**	to stop
101	**pasar**	to happen
102	**pasear**	to take a walk
103	pegar(se)	to stick (oneself)
104	**peinar(se)**	to comb (one's hair)
105	**pelear**	to fight
106	pensar	to think
107	**picar**	to sting, to nibble
108	**pintar**	to paint
109	**practicar**	to practise
110	**preguntar**	to ask
111	**preparar**	to prepare
112	**presentar**	to present
113	probar	to prove, to try
114	**quedar(se)**	to stay, to remain
115	**quejar(se)**	to complain
116	recomendar	to recommend
117	recordar	to remember
118	**regalar**	to give as a present
119	**reservar**	to reserve
120	sacar	to take out
121	**saludar**	to greet
122	sentar(se)	to sit down
123	soñar	to dream
124	**tardar**	to be slow, to be late
125	**terminar**	to end
126	**tirar**	to throw
127	tocar	to touch, to play a musical instrument
128	**tomar**	to take
129	**trabajar**	to work
130	**usar**	to use
131	**viajar**	to travel
132	**visitar**	to visit

-ER verbs

2ª Conjugación

Regular verbs		Singular			Plural		
		1. pers	2. pers	3. pers	1. pers	2. pers	3. pers
comer / to eat		yo	tú	él /ella usted	nosotros nosotras	vosotros vosotras	ellos/ellas ustedes
Present	Presente indicativo	como	comes	come	comemos	coméis	comen
	Presente progresivo	estoy comiendo	estás comiendo	está comiendo	estámos comiendo	estáis comiendo	están comiendo
Past	Pretérito perfecto	he comido	has comido	ha comido	hemos comido	habéis comido	han comido
	Pretérito indefinido	comí	comiste	comió	comimos	comisteis	comieron
	Pretérito imperfecto	comía	comías	comía	comíamos	comíais	comían
Future	Futuro simple	comeré	comerás	comerá	comeremos	comeréis	comerán
	Futuro de intención	voy a comer	vas a comer	va a comer	vamos a comer	vais a comer	van a comer
Imperative	Imperativo		come coma (ud.)	–	–	comed coman (uds.)	

Verbos -ER		1 – 20
1	**apetecer**	to feel like
2	**aprender**	to learn
3	**beber**	to drink
4	caer(se)	to fall
5	coger	to take
6	**comer**	to eat
7	**comprender**	to understand
8	conocer	to know
9	**correr**	to run
10	crecer	to grow
11	creer	to believe
12	**deber**	to owe, to have to
13	doler	to hurt
14	encender	to switch on
15	entender	to understand
16	haber	to have
17	hacer	to make, to do
18	leer	to read
19	llover	to rain
20	**meter(se)**	to put

Verbos -ER		21 – 39
21	mover	to move
22	nacer	to be born
23	oler	to smell
24	parecer(se)	to look, to look like
25	perder	to lose
26	poder	to be able to
27	poner(se)	to put
28	**practicar**	to practice, to play
29	**prometer**	to promise
30	querer	to want
31	romper	to break
32	saber	to know
33	ser	to be
34	tener	to have
35	traer	to bring
36	valer	to cost, to be worth
37	**vender**	to sell
38	ver	to see
39	volver(se)	to return (to turn into)

-IR verbs

3ª Conjugación

Regular verbs		Singular			Plural		
		1. pers	**2. pers**	**3. pers**	**1. pers**	**2. pers**	**3. pers**
vivir / to live		yo	tú	él /ella usted	nosotros nosotras	vosotros vosotras	ellos/ellas ustedes
Present	Presente indicativo	vivo	vives	vive	vivimos	vivís	viven
	Presente progresivo	estoy viviendo	estás viviendo	está viviendo	estamos viviendo	estáis viviendo	están viviendo
Past	Pretérito perfecto	he vivido	has vivido	ha vivido	hemos vivido	habéis vivido	han vivido
	Pretérito indefinido	viví	viviste	vivió	vivimos	vivisteis	vivieron
	Pretérito imperfecto	vivía	vivías	vivía	vivíamos	vivíais	vivían
Future	Futuro simple	viviré	vivirás	vivirá	viviremos	viviréis	vivirán
	Futuro de intención	voy a vivir	vas a vivir	va a vivir	vamos a vivir	vais a vivir	van a vivir
Imperative	Imperativo		vive viva (ud.)	–	–	vivid vivan(uds.)	

Verbos -IR	1 – 16
1 **abrir**	to open
2 **aburrir(se)**	to bore, to get bored
3 **añadir**	to add
4 **conducir**	to drive
5 **conseguir**	to achieve, to get
6 **decidir**	to decide
7 **decir**	to say
8 **describir**	to describe
9 **despedir(se)**	to say goodbye
10 **discutir**	to argue
11 **divertir(se)**	to entertain, to enjoy oneself
12 **dormir**	to sleep
13 **elegir**	to choose
14 **escribir**	to write
15 **imprimir**	to print
16 **ir**	to go

Verbos -IR	17 –30
17 **morir**	to die
18 **oír**	to hear
19 **pedir**	to ask for
20 **preferir**	to prefer
21 **recibir**	to receive
22 **reír**	to laugh
23 **repetir**	to repeat
24 **salir**	to leave, to go out
25 **seguir**	to follow
26 **subir**	to lift, to get on
27 **traducir**	to translate
28 **venir**	to come
29 **vestir(se)**	to dress (to get dressed)
30 **vivir**	to live

Irregular verbs

-AR verbs with a vowel change

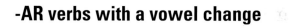

Singular			Plural		
1. pers	**2. pers**	**3. pers**	**1. pers**	**2. pers**	**3. pers**
yo	tú	él /ella usted	nosotros nosotras	vosotros vosotras	ellos/ellas ustedes

Vowel change e → ie	**cerrar**, calentar, despertar(se), empezar, nevar, pensar, recomendar, sentar(se)					
Presente indicativo	cierro	cierras	cierra	cerramos	cerráis	cierran
Imperativo	–	cierra cierre (ud.)	–	cerremos	cerrad cierren (uds.)	–

Vowel change o → ue	acordar(se), acostar(se), almorzar, aprobar, contar, **costar**, encontrar, probar, recordar, soñar					
Presente indicativo	cuesto	cuestas	cuesta	costamos	costáis	cuestan
Imperativo	–	cuesta cueste (ud.)	–	costemos	costad cuesten (uds.)	–

Vowel change u → ue	**jugar**					
Presente indicativo	juego	juegas	juega	jugamos	jugáis	juegan
Imperativo	–	juega juegue (ud.)	–	juguemos	jugad jueguen (uds.)	–

-ER verbs with a vowel change

	Singular			Plural		
	1. pers	2. pers	3. pers	1. pers	2. pers	3. pers
	yo	tú	él /ella usted	nosotros nosotras	vosotros vosotras	ellos/ellas ustedes

Vowel change e → ie	encender, **entender**, perder					
Presente indicativo	entiendo	entiendes	entiende	entendemos	entendéis	entienden
Imperativo	–	entiende entienda (ud.)	–	entendamos	entended entiendan (uds.)	–

Vowel change o → ue	doler, llover (solo conjugado en la 3.ª persona del singular), mover, **volver**, oler (conjugados como: huelo-hueles-huele-olemos-oléis-huelen)					
Presente indicativo	vuelvo	vuelves	vuelve	volvemos	volvéis	vuelven
Imperativo	–	vuelve vuelva (ud.)	–	volvamos	volved vuelvan (uds.)	–

-IR verbs with a vowel change

Singular			Plural		
1. pers	**2. pers**	**3. pers**	**1. pers**	**2. pers**	**3. pers**
yo	tú	él /ella usted	nosotros nosotras	vosotros vosotras	ellos/ellas ustedes

Vowel change e → ie	divertir(se) , **preferir**					
Presente indicativo	pref<u>ie</u>ro	pref<u>ie</u>res	pref<u>ie</u>re	preferimos	preferís	pref<u>ie</u>ren
Imperativo	–	pref<u>ie</u>re pref<u>ie</u>ra (ud.)	–	pref<u>i</u>ramos	preferid pref<u>ie</u>ran (uds.)	–

Vowel change o → ue	**dormir**, morir					
Presente indicativo	d<u>ue</u>rmo	d<u>ue</u>rmes	d<u>ue</u>rme	dormimos	dormís	d<u>ue</u>rmen
Imperativo	–	d<u>ue</u>rme d<u>ue</u>rma (ud.)	–	durmamos	dormid d<u>ue</u>rman (uds.)	–

Vowel change e → i	conseguir, despedir(se), elegir, pedir, reír, **repetir**, seguir, vestir(se)					
Presente indicativo	rep<u>i</u>to	rep<u>i</u>tes	rep<u>i</u>te	repetimos	repetís	rep<u>i</u>ten
Imperativo	–	rep<u>i</u>te rep<u>i</u>ta (ud.)	–	rep<u>i</u>tamos	repetid rep<u>i</u>tan (uds.)	–

Verbs with a consonant change, Z → ZC

	Singular			Plural		
	1. pers	2. pers	3. pers	1. pers	2. pers	3. pers
	yo	tú	él /ella usted	nosotros nosotras	vosotros vosotras	ellos/ellas ustedes

Verbs ending in -CER	conocer, crecer, nacer, parecer(se)					
Presente indicativo	conozco	conoces	conoce	conocemos	conocéis	conocen
Imperativo	−	conoce conozca (ud.)	−	conozcamos	conoced conozcan (uds.)	−

Verbs ending in -CIR	conducir, traducir					
Presente indicativo	conduzco	conduces	conduce	conducimos	conducís	conducen
Imperativo	−	conduce conduzca (ud.)	−	conduzcamos	conducid conduzcan (uds.)	−

Verbs with other changes

Verbo	Presente indicativo	Pretérito indefinido	Pretérito imperfecto	Futuro simple	Imperativo
andar		anduve anduviste anduvo anduvimos anduvisteis anduvieron			
caer	caigo caes cae caemos caéis caen	caí caíste cayó caímos caísteis cayeron			cae caiga caigamos caed caigan
dar	doy das da damos dáis dan	di diste dio dimos disteis dieron			da dé demos dad den
decir	digo dices dice decimos decís dicen	dije dijiste dijo dijimos dijisteis dijeron		diré dirás dirá diremos diréis dirán	di diga digamos decid digan
estar	estoy estás está estamos estáis están	estuve estuviste estuvo estuvimos estuvisteis estuvieron			está esté estemos estéis estén
haber	he has ha/hay hemos habéis han	hube hubiste hubo hubimos hubisteis hubieron		habré habrás habrá habremos habréis habrán	he haya hayamos habed hayan

Verbo	Presente indicativo	Pretérito indefinido	Pretérito imperfecto	Futuro simple	Imperativo
hacer	hago	hice		haré	
	haces	hiciste		harás	haz
	hace	hizo		hará	haga
	hacemos	hicimos		haremos	hagamos
	hacéis	hicisteis		haréis	haced
	hacen	hicieron		harán	hagan
ir	voy	fui	iba		
	vas	fuiste	ibas		ve
	va	fue	iba		vaya
	vamos	fuimos	íbamos		vayamos/vamos
	vais	fuisteis	ibais		id
	van	fueron	iban		vayan
oír	oigo	oí			
	oyes	oíste			oye
	oye	oyó			oiga
	oímos	oímos			oigamos
	oís	oísteis			oigáis
	oyen	oyeron			oigan
poder	puedo	pude		podré	
	puedes	pudiste		podrás	puede
	puede	pudo		podrá	pueda
	podemos	pudimos		podremos	podamos
	podéis	pudisteis		podréis	podéis
	pueden	pudieron		podrán	pueden
poner	pongo	puse		pondré	
	pones	pusiste		pondrás	pon
	pone	puso		pondrá	ponga
	ponemos	pusimos		pondremos	pongamos
	ponéis	pusisteis		pondréis	poned
	ponen	pusieron		pondrán	pongan
querer	quiero	quise		querré	
	quieres	quisiste		querrás	quiere
	quiere	quiso		querrá	quiera
	queremos	quisimos		querremos	queramos
	queréis	quisisteis		querréis	quered
	quieren	quisieron		querrán	quieran

Verbo	Presente indicativo	Pretérito indefinido	Pretérito imperfecto	Futuro simple	Imperativo
saber	sé	supe		sabré	
	sabes	supiste		sabrás	sabe
	sabe	supo		sabrá	sepa
	sabemos	supimos		sabremos	sepamos
	sabéis	supisteis		sabréis	sabed
	saben	supieron		sabrán	sepan
salir	salgo			saldré	
	sales			saldrás	sal
	sale			saldrá	salga
	salimos			saldremos	salgamos
	salís			saldréis	salid
	salen			saldrán	salgan
ser	soy	fui	era		
	eres	fuiste	eras		se
	es	fue	era		sea
	somos	fuimos	éramos		seamos
	sois	fuisteis	erais		sed
	son	fueron	eran		sean
tener	tengo	tuve		tendré	
	tienes	tuviste		tendrás	ten
	tiene	tuvo		tendrá	tenga
	tenemos	tuvimos		tendremos	tengamos
	tenéis	tuvisteis		tendréis	tened
	tienen	tuvieron		tendrán	tengan
traer	traigo	traje			
	traes	trajiste			trae
	trae	trajo			traiga
	traemos	trajimos			traigamos
	traéis	trajisteis			traed
	traen	trajeron			traigan
valer	valgo			valdré	
	vales			valdrás	vale
	vale			valdrá	valga
	valemos			valdremos	valgamos
	valéis			valdréis	valed
	valen			valdrán	valgan
venir	vengo	vine		vendré	
	vienes	viniste		vendrás	ven
	viene	vino		vendrá	venga
	venimos	vinimos		vendremos	vengamos
	venís	vinisteis		vendréis	venid
	vienen	vinieron		vendrán	vengan

Verbs with irregular participles

El canario ha muerto

La caja está abierta

Participio irregular	
abrir	abierto
decir	dicho
describir	descrito
escribir	escrito
hacer	hecho
imprimir	impreso
morir	muerto
poner	puesto
romper	roto
ver	visto
volver	vuelto

Me he puesto una
chaqueta nueva…

Alguien ha roto un plato…

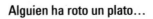

Verbs with irregular gerunds

Gerundio irregular	
caer	cayendo
conseguir	consiguiendo
creer	creyendo
despedir	despidiendo
divertir	divirtiendo
dormir	durmiendo
elegir	eligiendo
ir	yendo
leer	leyendo
morir	muriendo
oír	oyendo
pedir	pidiendo
poder	pudiendo
preferir	prefiriendo
reír	riendo
repetir	repitiendo
seguir	siguiendo
traer	trayendo
venir	viniendo
vestir	vistiendo

Special verbs

Use of the verb SER

Identifying people or things:	Es Juan. Es una mesa.	He is Juan. It is a table.
Indicating profession, nationality or religion:	Soy médico. María es española. Carlos es católico.	I am a doctor. María is Spanish. Carlos is a catholic.
Indicating relationship or kinship:	Javier y Eva son amigos. Nuria y yo somos primas.	Javier and Eva are friends. Nuria and I are cousins.
Expressing qualities:	Pilar es muy inteligente. Estos temas son difíciles. La casa es blanca.	Pilar is very intelligent. These subjects are difficult. The house is white.
Indicating time, quantity or price:	Hoy es martes. En la clase somos veinticinco. Son cincuenta euros en total.	Today is Tuesday. There are twenty-five of us in the class. It is fifty euros in total.
Impersonal:	Es bueno practicar deportes. Es divertido ir de excursión.	It is good to play sports. It is fun to go on a trip.

Use of the verb ESTAR

Indicating the physical location of someone or something:	Mi hermana está en Madrid. Madrid está en el centro de España.	My sister is in Madrid. Madrid is in the middle of Spain.
Indicating temporary physical or mental states:	¿Estás contento? Estoy cansada. Carlos está muy resfriado.	Are you happy? I am tired. Carlos has a bad cold.
Referring to temporary situations:	El coche está sucio. El café está muy caliente.	The car is dirty. The coffee is very hot.

Ser o estar

Ser listo	intelligent, clever	**Estar listo**	ready
Ser bueno	as characteristic, in behaviour	**Estar bueno**	in health, appearance or eating
Ser malo	of character	**Estar malo**	unwell
Ser rico	have money	**Estar rico**	tasty
Ser aburrido	to be boring	**Estar aburrido**	to be bored

The verb *gustar*

It is conjugated in agreement with the object. In English neither the identity nor the quantity of the things / people we like are important.

Verbo gustar			Un objeto o verbo en infinitivo	Varios objetos	
singular	1. pers	me	**gusta**	**gustan**	
	2. pers	te	**gusta**	**gustan**	+ a given
	3. pers	le	**gusta**	**gustan**	singular/plural
plural	1. pers	nos	**gusta**	**gustan**	noun or a verb
	2. pers	os	**gusta**	**gustan**	in the infinitive
	3. pers	les	**gusta**	**gustan**	

me gusta + singular object	me	gusta		el chocolate
me gusta + verb in the infinitive	me	gusta		comer
me gustan + plural object	me		gustan	los bombones

> **A mí, a ti**, etc. are placed first to emphasise the person:
> **A mí me gusta comer.**
> **¿A ti te gustan los bombones?**

Otros como *gustar*

apetecer
doler
encantar
faltar
importar
parecer

Uses of *hay* or *está/están*

Hay o está/están

hay (there is – existence)	with the **indefinite** article	¿Hay una farmacia por aquí? Hay una en la calle Mayor.	Is there a chemist's near here? There is one on Main Street.
impersonal form of haber	with a noun without an article	¿Hay café?	Is there any coffee?
indicates generality	with indefinite amounts	**En Madrid hay muchos museos.**	There are lots of museums in Madrid.
	before numbers	**En la clase hay quince alumnos.**	There are fifteen students in the class.
está están (is- location) *indicates something specific*	with the **definite** article	¿Dónde está el hospital? Está en el centro.	Where is the hospital? It is in the centre.

Por favor, ¿dónde está la casa de los Pérez?

Modal and auxiliary verbs

Modal verbs are used before another verb in the infinitive.

Verbos modales		
deber + inf.	must + inf.	Expressing obligation, necessity. **Debes estudiar más para el examen.**
poder + inf.	can + inf.	Expressing possibility. It is used to ask permission. **¿Podemos viajar todos juntos?**
querer + inf.	want to + inf.	Expressing a wish or will. **Quiero comer paella.**
saber + inf.	know how to + inf.	Expressing ability, readiness to do something. **No sé hablar chino.**

Auxiliary verbs are used to form compound tenses or in the passive voice.

Verbos auxiliares		
haber + participio	To form the compound tenses (like **to have** in English)	**Hemos venido.**
ser	For the passive form	**Eres muy querido.**

Verbal periphrasis

Perífrasis verbales

de infinitivo

acabar de + infinitivo	**to have just** + participle	**El profesor acaba de llegar.** The teacher has just arrived.
dejar de + infinitivo	**to stop** + gerund	**Mañana deja de llover.** It will stop raining tomorrow.
hay que + infinitivo	**to need to** + infinitive	**Hay que tener carné para conducir.** You need to have a licence to drive.
ir a + infinitivo	**to be going to** + infinitive	**Vamos a salir con unos amigos.** We are going to go out with friends.
ponerse a + infinitivo	**to begin to** + infinitive	**Me pongo a estudiar ahora mismo.** I am going to start to study right now.
volver a + infinitivo	infinitive + **again**	**Vuelvo a leer el texto.** I am going to read the text again.
tener que + infinitivo	**to have to** + infinitive	**María tiene que ir al médico.** María has to go to the doctor.

de gerundio

estar + gerundio	**to be** + gerund	**Estoy trabajando en un banco.** I am working in a bank.
seguir + gerundio	**to continue** + infinitive	**Seguimos viviendo en la misma casa.** We continue to live in the same house.
llevar + gerundio	**to have been** + gerund	**Juan lleva estudiando español dos años.** Juan has been studying Spanish for two years.

de participio

seguir + participio	**to still be** + participle	**El niño sigue enfadado.** The child is still angry.
tener + participio	**to have** + participle	**Ya tenemos hecha la comida.** We already have the meal prepared.
llevar + participio	**to have** + participle	**Llevo leídas un montón de páginas.** I have already read loads of pages.

Reflexive verbs

– the subject receives the action of the verb.

– the infinitive ends in -se.

Verbos reflexivos	
aburrir(se)	to get bored
acercar(se)	to approach
acordar(se)	to remember
acostar(se)	to lie down
afeitar(se)	to shave
bañar(se)	to have a bath
caer(se)	to fall
cansar(se)	to get tired
casar(se)	to get married
despedir(se)	to say goodbye
despertar(se)	to wake up
divertir(se)	to have fun
duchar(se)	to have a shower
emborrachar(se)	to get drunk
lavar(se)	to wash
levantar(se)	to get up
llamar(se)	to be called
llevar(se)	to take away
meter(se)	to get into
parecer(se)	to look alike
pegar(se)	to stick, to hit
peinar(se)	to comb one's hair
poner(se)	to put (on), to become
quedar(se)	to remain
quejar(se)	to complain
sentar(se)	to sit down
vestir(se)	to get dressed

Paco se despierta a las tres y media.

Todos los días se ducha.

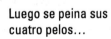

Después se viste rápido.

Luego se peina sus cuatro pelos…

Hay que lavarse los dientes.

Use of *haber* and *tener*

Haber y tener			
haber	Exclusively as an auxiliary verb	**He hablado.** **¿Has comido?**	I have spoken. Have you eaten?
tener	Indicates ownership	**Tengo un coche grande.** **Tenemos una casa nueva.**	I have a car. We have a new house.

Negation

Negación				
no	no not	**No** can mean "no" or "not"	**¿Has leído el periódico?** **No, no he tenido tiempo.**	Have you read the paper? No, I haven't had the time.
		No always goes before the verb	**No entiendo.**	I don't understand.
		No goes before the pronoun	**Carlos no se ha afeitado.**	Carlos has not shaved.
nada **nadie** **ningún** **ninguno/-a** **nunca** **tampoco**	nothing no one no (n) no (n) never neither	When the adverb goes after the verb, there is double negation with **no**	**María no come nada.** **No he visto a nadie.** **No encuentro ninguna farmacia.**	María doesn't eat anything. I haven't seen anyone. I can't find a chemist's.
		When the adverb goes before the verb, double negation is optional	**No he ido nunca a Australia.** **Yo tampoco he estado.** **No he fumado nunca.** **Nunca he fumado.**	I have never been to Australia. Neither have I been. I have never smoked. Never have I smoked.
ni...ni	neither... nor		**No tengo ni marido ni hijos.**	have neither husband nor children.
todavía no	still not not yet		**Todavía no he cobrado.**	I still haven't been paid.
ya no	no longer		**Ya no vivo en el centro.**	I don't live in the centre any longer.

Expressions with *tener* and *estar*

Tener	
frío	to be cold
calor	to be hot
hambre	to be hungry
sueño	to be tired
sed	to be thirsty
prisa	to be in a hurry
problemas	to have problems
alegría	to be happy
tristeza	to be sad

See more expressions with <u>tener</u> in Chapter 1, list 2.3
and expressions with <u>ser</u> in Chapter 1, list 2.2.

Estar	
bien	to be well
mal	to be ill
fatal	to be terrible
feliz	to be happy
cansado	to be tired
enamorado	to be in love
encantado	to be delighted
contento	to be pleased
satisfecho	to be satisfied
tranquilo	to be calm

Note: The adjective agrees with the noun in gender and number.

To learn more about Spanish verb phrases, consult our other book, *Lo dicho*.

De vicio – *De primera calidad* (72)

Top drawer – *Top quality*

¡Qué romántico! Y el cava está delicioso.

Sí, Maruja, todo está **de vicio**.

De primera
Por todo lo alto

3 Construction elements

What elements are needed?

Alfabeto		How is it pronounced page 116				
Ortografía		How is it written page 117				
Partes de la oración	Variables	**Artículo** page 120	**Sustantivo** page 121	**Adjetivo** page 122	**Pronombre** page 123	**Verbo** page 128
	Invariables	**Adverbio** page 128	**Preposición** page 132	**Conjunción** page 134	**Interjección** page 134	
Sintaxis		How the elements are combined page 135				

How is it pronounced?

The alphabet

Las letras **j** y **ge, gi** se pronuncian /x/.

ja
je, ge
ji, gi
jo
ju

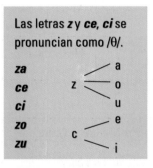

Las letras **z** y **ce, ci** se pronuncian como /θ/.

za
ce
ci
zo
zu

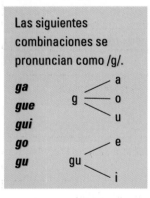

Las siguientes combinaciones se pronuncian como /g/.

ga
gue
gui
go
gu

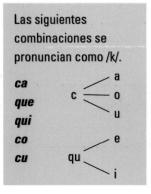

Las siguientes combinaciones se pronuncian como /k/.

ca
que
qui
co
cu

a	/a/	pared
b	/b/	boca
c	/k/ /θ/	casa cero
ch	/t͡ʃ/	mucho
d	/d/	doce
e	/e/	menos
f	/f/	fácil
g	/g/ /x/	gato, guerra genio, fingir
h		hoy
i	/i/	piso
j	/x/	joven
k	/k/	kilo
l	/l/	sol
ll	/ʎ/	calle
m	/m/	mesa
n	/n/	nada
ñ	/ɲ/	España
o	/o/	tomar
p	/p/	tapas
q	/k/	queso
r	/r/ /r̄/	cara rosa, tener
s	/s/	saber
t	/t/	pato
u	/u/	zumo
v	/b/	vino
w	/p/	water
x	/ks/	examen
y	/ĭ/	mayo
z	/θ/	zapato

← **Ch** is pronounced same as in english: March, cheers

← Always pronounced like the **e** in **help** (never like the **e** of **new** or **ethan**)

← is SILENT

← Always pronounced like **ee** (green)

← Pronounced like **y**

← Pronounced **ny**

← Pronounced like **awe**, or like the **o** of **door**

← Pronounced with a rolling **r**, like a scottish **r**

← Pronounced almost (but no quite) like the **oo** in **too**

← Pronounced the same as **b**

← Always pronounced like **ee** (never like the **y** of **why** or **youth**)

How is it written?

Spelling – Ortografía

Acento / tilde

Stress accent		Orthographic accent	Example
– last syllable	*agudas*	when ending in a vowel, **n** or **s**	*habló*
– penultimate syllable	*graves/llanas*	when ending in a consonant, except **n** or **s**	*árbol*
– antepenultimate syllable	*esdrújulas*	always	*tráfico*
– fourth-to-last syllable	*sobresdrújulas*	always	*devuélvemelo*

Uso de la letra

b	Verbs ending in **-bir** Except: hervir, servir, vivir	*escribir, prohibir*
	Verbs ending in **-buir**	*atribuir, contribuir*
	The verbs: deber, caber, saber, haber	
	The endings: **-aba, -abas, -aba, -ábamos, -abais, -aban** in first conjugation verbs, -AR	*cantaba, bajaban*
	Words starting with the syllables: **ab-, ob- , abs- , obs-**	*abstención, obstáculo*
	Words starting with the syllables: **bu-, bur-, bus-**	*buscar, buque*
	The syllables: **bra, bre, bri, bro, bru** **bla, ble, bli, blo, blu**	*abrigo, blusa*
	Words ending in: **-bundo, -bunda, -bilidad** Except: movilidad, civilidad	*vagabundo, posibilidad*

Uso de la letra

v	After the syllables: **ad-, sub-, ob-**	*advertir, subvención, obvio*
	Words starting with: **eva-, eve-, evi-, evo-** Except: ébano	*evadir, eventual, evidente, evocar*
	Adjetives *ending in:* **-avo, -ava, -evo, -eva, -eve, -ivo, -iva**	*esclavo, leve, nuevo, cautivo, primitivo*
	The present indicative and subjunctive of the verb **ir**	*voy, vaya, ve*
	The verbs estar, andar, tener and their compound tenses contain **v** in the present perfect, imperfect and future imperfect of subjunctive	*estuve, estuviéramos, estuviere, anduvo, sostuviera*

Uso de la letra

h	The form of the verbs: **haber, hacer, hallar, hablar, habitar**	*hago, hablamos, hay*
	Words starting with: **hia-, hie-, hue-, hui-**	*huevo, hielo*
	Words starting with: **hist-, hosp-, hum-, herm-, hern-, holg-, hog**	*historia, humor, hospital*
	Words starting with: **hecto-, hemi-, hema-, hidro-, hidra-, hiper-, hipo-**	*hectómetro, hematoma, hidratar*

Uso de la letra

g	Words starting with: **gest-, geo-**	*gestión, geólogo*
	Words ending in: **-gente, -gencia, -ígeno, -ígena**	*vigente, regencia, oxígeno, indígena*
	Verbs ending in: **-ger, -gir, -igear**	*proteger, dirigir, aligerar*

Uso de la letra

j	Words ending in: **-aje, -eje, -jería**	*garaje, relojería*
	Verbs ending in **-jear**	*canjear, flojear*
	The irregular forms in which the sounds **je**, **ji** come from the verbs with infinitive forms which do not have either **g** or **j**.	**decir** – *dije, dijiste* **traer** – *traje,trajiste* **conducir** – *conduje, condujiste*

Uso de la letra

y	Words ending with the sound corresponding to **i** preceded by a vowel. Except: saharaui, bonsai	*ay, soy, buey*
	When it follows the prefixes: **ad-, dis-, sub-**	*adyacente, subyacer*
	Some irregular forms in which the sounds **ye**, **yo** come from the verbs with infinitive forms which do not have either **y** or **ll**.	**caer** – *cayó, cayeron* **leer** – *leyó, leyeron*

Uso de la letra

The letter "ll" is considered to be <u>one letter</u> although it consists of two symbols.

ll	Words ending in: **-illo, -illa**	*cerilla, membrillo*
	The majority of verbs ending in: **-ullar, -illar, -ullir**	*abarquillar, apabullar, bullir*

Types of words

The article

– goes before the noun.
– indicates the gender and number of the noun.
– can be definite or indefinite.

		masculino	femenino	ejemplos	
determinado	singular	el	la	el chico la chica	the boy the girl
	plural	los	las	los chicos las chicas	the boys the girls
indeterminado	singular	un	una	un chico una chica	a boy a girl
	plural	unos	unas	unos chicos unas chicas	some boys some girls

a + el = **al**
de + el = **del**

The article **lo** neutral and is only used with nominalised adverbs and adjectives and with participles.

Lo bueno es que pronto terminamos.

The noun

– serves to designate people, animals or things.

– can be masculine or feminine.

Common noun: A label applied to an entity to be classified.

Proper noun: Indicates one entity among the rest of its class.

Género del sustantivo	Noun gender
Words ending in -o are usually masculine. **Except:** el día el idioma el programa el drama el mapa el tema el clima el problema el sistema etc.	**Words ending in -a are usually feminine.** **Except:** la foto la moto la mano la radio etc. **Words ending in -dad, -ción or -sión are feminine.**
Some words related to professions have the same form for masculine and feminine. **The words ending in -ista and -ante are common to both genders.**	

There is a thematic vocabulary in the first part of the book. Masculine words are in blue and feminine in pink.

Diminutive, augmentative or pejorative endings are sometimes added to nouns to slightly modify their interpretation.

Diminutivos – aumentativos – despectivos		Small or large
diminutivos		
– Used to express compassion, tenderness, affection	-ito/-ita -illo/-illa -cito/-cita	*casita, florecilla, pobrecito, pobrecilla, gordito, prontito, calentito*
aumentativos		
– Used to express emotion or rejection	-ón/-ona -azo/-aza -ote/-ota	*peliculón, mujerona, tipazo, grandote, cochazo, perraza*
despectivos		
– Used to express annoyance, hatred and gibes	-ucho/-ucha -uza	*animalucho, casucha, gentuza*

Adjectives

– express the characteristics or relationships of the noun.

– agree with the noun in number and gender.

– those ending in -e are common for both genders.

– almost always go after the noun.

Adjetivo		masculino	femenino
alto	singular	niño **alto**	niña **alta**
	plural	niños **altos**	niñas **altas**
inteligente	singular	niño **inteligente**	niña **inteligente**
	plural	niños **inteligentes**	niñas **inteligentes**

Grados del adjetivo

Adjetive levels

		Positivo		Comparativo		Superlativo	
singular	**masculino**	bueno	good	más bueno mejor	better	el más bueno el mejor	the best, best
	femenino	buena	good	más buena mejor	better	la más buena la mejor	the best, best
plural	**masculino**	buenos	good	más buenos mejores	better	los más buenos los mejores	the best
	femenino	buenas	good	más buenas mejores	better	las más buenas las mejores	the best

Pronouns

– indicate an entity known beforehand without needing to use its name.

– are divided into five major groups:

Personal pronouns	**Pronombres personales**
Possessive pronouns	**Pronombres posesivos**
Demonstrative pronouns	**Pronombres demostrativos**
Relative pronouns	**Pronombres relativos**
Indefinite pronouns	**Pronombres indefinidos**

Pronombres personales — Personal pronouns

Forma sujeto	Objeto directo	Objeto indirecto	Reflexivos	Detrás de preposición
yo	me	me	me	mí, conmigo
tú	te	te	te	ti, contigo
él, ella, ud.	lo, la	le	se	él, ella, usted
nosotros, -as	nos	nos	nos	nosotros, -as
vosotros, -as	os	os	os	vosotros, -as
ellos, ellas, uds.	los, las	les	se	ellos, ellas

no repetir.

Possessive pronouns indicate who owns something:

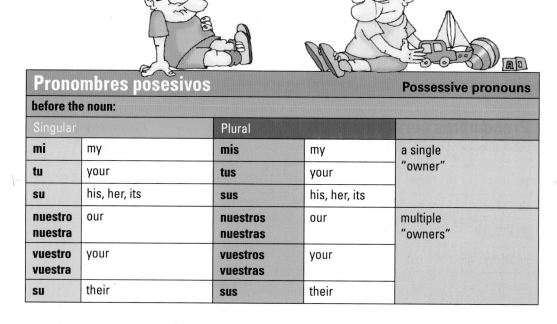

Pronombres posesivos				Possessive pronouns
before the noun:				
Singular		Plural		
mi	my	**mis**	my	a single "owner"
tu	your	**tus**	your	
su	his, her, its	**sus**	his, her, its	
nuestro **nuestra**	our	**nuestros** **nuestras**	our	multiple "owners"
vuestro **vuestra**	your	**vuestros** **vuestras**	your	
su	their	**sus**	their	

after the noun or without a noun:				
Singular		Plural		
mío **mía**	mine	**míos** **mías**	mine	a single "owner"
tuyo **tuya**	yours	**tuyos** **tuyas**	yours	
suyo **suya**	his, hers, its	**suyos** **suyas**	his, hers, its	
nuestro **nuestra**	ours	**nuestros** **nuestras**	ours	multiple "owners"
vuestro **vuestra**	yours	**vuestros** **vuestras**	yours	
suyo **suya**	theirs	**suyos** **suyas**	theirs	

Demonstrative pronouns give the idea of location with respect to the speaker.

Pronombres demostrativos				Demonstrative pronouns
	singular		**plural**	
	masculino	femenino	masculino	femenino
Something close:	este *this*	esta	estos *these*	estas
Something further away:	ese *that*	esa	esos *those*	esas
Something distant:	aquel *that*	aquella	aquellos *those*	aquellas

Relative pronouns repeat the meaning of a word mentioned before (the antecedent).

Pronombres relativos		Relative pronouns	
que	that, which		
el que la que los que las que	that	Refers to people or things	
el cual la cual los cuales las cuales	which, who		
cual cuales	which, who, whom	Refers to the choice between people or things	
quien quienes	who, whom	Only to refer to people	
lo que lo cual	what, which	Only to refer to things	

Interrogativos	Interrogatives	Exclamativos	Exclamatories
¿qué?	what? which?	¡qué!	what!
¿cuál? ¿cuáles?	what? which? which one? which?		
¿quién? ¿quiénes?	who?		
¿cuánto? ¿cuánta? ¿cuántos? ¿cuántas?	how much? how many?	¡cuánto! ¡cuánta! ¡cuántos! ¡cuántas!	what a lot!

Indefinite pronouns refer to objects in an indefinite and imprecise form.

Pronombres indefinidos		Indefinite pronouns
alguien	someone	*Only referring to people*
nadie	no one	
algo	something	*Only referring to things*
nada	nothing	
cualquiera **cualquier** *(m.)*	anyone anybody any one	
alguno */-a /-os /-as* **algún** *(m.)*	anyone someone one some	
ninguno */-a* **ningún** *(m.)*	none	
todo */-a* **todos** */-as*	all	*Referring to people and things*
mucho */-a* **muchos** */-as*	a lot, much many	
bastante **bastantes**	enough quite a lot	
poco */-a* **pocos** */-as*	little few	
demasiado */-a* **demasiados** */-as*	too much too many	

Verbs

– express actions.

Chapter 2 –A bunch of verbs– explains the most important aspects related to verbs.

Adverbs

– express the conditions under which the verb's action takes place.

Adverbios de lugar	Adverbs of place
aquí	here
ahí	there
allí	there
cerca	near
lejos	far
enfrente	opposite
dentro	inside
fuera	outside
arriba	above
abajo	below
delante	in front
detrás	behind
encima	on top of
debajo	under

Adverbios de tiempo — Adverbs of time

hoy	today
ayer	yesterday
mañana	tomorrow
por la mañana	in the morning
por la tarde	in the afternoon
por la noche	in the evening, at night
ahora	now
antes	before
temprano	early
después	afterwards
luego	later
tarde	late
entonces	then
pronto	soon
nunca	never
jamás	never
ya	already
mientras	meanwhile
todavía	still

Por la mañana

Por la tarde

Por la noche

Adverbios de modo — Adverbs of manner

así	like that, like this
bien	well
mal	badly
deprisa	in a hurry or quickly
despacio	slowly
adrede	on purpose
apenas	hardly, scarcely

Adverbios de cantidad	Adverbs of quantity
muy	very
mucho	a lot
poco	little
demasiado	too much
bastante	enough, quite a lot
apenas	hardly, scarcely
más	more
menos	less
nada	not at all, nothing
casi	almost, nearly
tanto	so much, so many
tan	so, such

Adverbios de orden	Adverbs of order
primeramente	firstly
sucesivamente	successively
últimamente	lastly
finalmente	finally

Adverbios de afirmación, negación o duda
Adverbs of affirmation, negation or doubt

sí	yes
cierto	of course, certainly
también	also, too, as well
no	no, not
nunca	never
jamás	never
tampoco	not either, neither, nor
quizá quizás	perhaps, maybe
probablemente	probably
tal vez	perhaps, maybe

Prepositions

– link words placed before the noun to convert it into a complement.

– express time, place or abstractions.

– usually go before nouns, pronouns or verbs in the infinitive.

Preposición	
a	to, at, into, onto
ante	before
bajo	under
con	with
contra	against
de	of, from, for
desde	from, since, after
en	in, on, at, into
entre	between, among
hacia	towards, about
hasta	to, as far as, up to, until
para	for, to
por	because of, for, by
según	according to, depending on
sin	without
sobre	on, about, over
tras	after, behind

Note: The preposition **de** is used to classify objects of a specific type:

– *botella de agua*

– *copa de vino*

– *kilo de tomates*

– *carne de cerdo*

– *etc.*

Preposiciones compuestas	Compound prepositions
a causa de	because of
a través de	across, through
acerca de	about
antes de	before
cerca de	near to, close to
debajo de	under
delante de	in front of
dentro de	in, inside
después de	after
detrás de	behind
en lugar de	instead of
encima de	on top of, above
enfrente de	opposite, in front of
fuera de	outside, out of, apart from
junto a	close to, near
lejos de	far from

Genitivo — Genitive

The genitive is always formed by the preposition **de** + the definite form	**Los amigos de Pedro**	*Pedro's friends*
	El coche del vecino	*The neighbour's car*
	El centro de la ciudad	*The city centre*
	La casa de los espíritus	*The house of spirits*
	Las charlas de las niñas	*The girls' chats*

Conjunctions

– connect the words.

– coordinate elements with identical functions within a sentence, coordinating two clauses or subordinating one clause to another.

Conjunción	Conjunction
y **e**	and and (before a word starting in i or y)
ni **ni... , ...ni**	neither... nor...
o **u** **o..., o...**	or or (before a word starting in o) either ... or ...
pero **sino** **no... , sino...**	but but not... but...
por eso **por tanto**	that is why
para que	so that

Interjections

– are not complete sentences.

– normally express emotion.

Our other book, *Lo dicho*, presents a selection of useful interjections.

131 **¡Válgame Dios!**
God almighty!

¡Válgame Dios!

132 **¡Vamos anda!**
Get away with you!

133 **¡Vamos!**
Go on!

How are the elements combined?

La oración	Is the smallest unit of communication		
Sujeto	The subject is the person, animal or thing about which we say something. The subject has no fixed position and can go at the start, in the middle or at the end.		*Eva regresó enseguida del colegio.* *Enseguida regresó Eva del colegio.* *Enseguida regresó del colegio Eva.*
	At times the subject can be omitted because it is indicated by the person of the verb.		*Quiero comer.*
Predicado	The predicate is what is said about the subject. It is made up of the verb and other elements.		*El árbol florece en primavera.*
predicado nominal	ser estar atributos y complementos	Is made up of the verb **ser** or **estar** together with attributes and complements.	*María es alta, guapa y esbelta.*
predicado verbal	verbo	The verb expresses the actions performed by the subject.	*Juan estudia español.*
		Simple sentences have one verb, compound sentences have more than one verb.	*Leyó el libro y le gustó.*
	objeto directo	The person, animal or thing which directly receives the action of the verb.	*Pilar hace un pastel.*
		Whenever it is a person, it carries the preposition **a**.	*Pepe saluda a la profesora.*
	objeto indirecto	The person, animal or thing which directly receives the action of the verb.	*Llevo flores a mi madre.*
		It is preceded by one of the prepositions **a** or **para**.	*Pedro compra un regalo para su novia.*
	complemento circunstancial	Expresses the place, manner, instrument or time of the verb action.	*Viaja con su madre.*
			Mi hemana llega de Londres.
		It usually carries the prepositions: **con, de, desde, en, hacia, por, sin**.	*Vive en el presente.*

4 A collection of phrases

Useful phrases

Meetings	
¡Hola!	Hello!, Hi!
¿Qué tal?	How are you?
Buenos días	Good morning
Buenas tardes	Good afternoon
Buenas noches	Good evening / good night
¡Adiós!	Goodbye!, Bye!
¡Hasta luego!	See you later!
¡Hasta mañana!	See you tomorrow!

Odds and ends	
¡Perdona!	Excuse me!
¡Oiga!	Hello!, Excuse me!
Por favor,...	Please,...
¿Puedo abrir la ventana?	Can I open the window?
¿Puedo...?	Can I...?
¿Se puede...?	Is it possible to...?
Lo siento!	Sorry!
¡Qué lástima!	What a shame!
Gracias	Thank you
De nada	It is nothing, You're welcome
¡Vale!	All right!
¡Venga!	Go on! Come on!
De acuerdo	OK
Depende...	It depends...
Lo siento, pero...	I am sorry, but...
¡Cuidado!	Watch out!
¿Qué pasa?	What's up?
¿Qué dices?	What do you say?
¡No me digas!	Don't tell me!
No sé	I don't know
No entiendo	I don't understand
¿Puedes repetir?	Please, could you say that again?

Compliments

¡Me encanta tu casa!	I love your house!
¡Qué buen gusto tienes!	What good taste you have!
¡Te queda muy bien!	It suits you really well!
¡Qué guapo estás hoy!	Don't you look good today!
¡Qué guay!	Cool!

Wishes

¡Buen provecho!	Enjoy your meal!
¡Salud!	Cheers!
¡Que te diviertas!	Have fun!
¡Buen viaje!	Have a good trip!
¡Suerte!	Good luck!
¡Que descanses!	Sleep well!
¡Que te mejores!	Get well soon!
¡Felicidades!	Congratulations!
¡Enhorabuena!	Congratulations!

Over the phone

¿Diga?	Hello!
¿Sí?	Yes, hello?
¿Está Manolo?	Is Manolo there?
¿De parte de quién?	Who is calling?
Un momento, por favor	One moment, please

To meet

¿Te apetece…?	Do you fancy…?
¿Quieres…?	Would you like…?
¿Vamos al cine esta tarde?	Shall we go to the cinema this afternoon?
¿Dónde quedamos?	Where shall we meet?
¿A qué hora quedamos?	At what time should we meet?
¿Cuántos vamos a ser?	How many of us will there be?
¿Compro tres entradas?	Shall I buy three tickets?
Hoy no puedo.	I can't today.

How to go…

Por favor…	Please…
¿Hay… por aquí?	Is there… near here?
¿Dónde está…?	Where is…?
¿Está lejos…?	Is it far…?
¿Para ir a…?	How do you get to…?

Eating and drinking…

¿Salimos a tomar algo?	Shall we go out for something to drink?
¿Vamos a cenar fuera?	Should we go out to eat?
¿Reservo para cinco?	Shall I reserve for five?
¿Me trae la carta, por favor?	Could you bring me the menu, please?
¿Tienen menú del día?	Do you have a set meal?
¿Qué me recomienda?	What would you recommend?
Me pone…, por favor.	Please bring me…
Me trae otro…, por favor.	Please could you bring me another…
Me trae más…, por favor.	Please could you bring me more…
La cuenta, por favor.	The bill, please.
¿Me cobra, por favor?	What do I owe you?

At the shop

¿Qué desea?	What would you like?
¿Le puedo ayudar?	Can I help you?
¿Tienen…?	Do you have…?
¿Dónde están los…?	Where are the…?
¿Cuánto cuesta…?	How much does… cost?
¿Algo más?	Anything else?
Aquí tiene.	Here you are.

Common dialogues

These typical Spanish dialogues sometimes use forms which have not been presented in this book. Even so, they can be understood by the context.

La identificación

- ▶ **¡Hola! ¿Cómo te llamas?**
- ▷ Me llamo Johan.
- ▶ **Yo soy Maruja.**
- ▷ ¡Encantado! ¿De dónde eres?
- ▶ **Soy española, de Madrid, ¿y tú?**
- ▷ Yo soy noruego, de Ålesund.

- ▶ **¿Dónde vives?**
- ▷ Vivo en Barcelona.
- ▶ **Y tú, ¿dónde vives?**
- ▷ Vivo en Barcelona también.

- ▶ **¿Cuantos años tienes?**
- ▷ Tengo 19 años.

- ▶ **¿Qué haces?**
- ▷ Soy estudiante.
- ▶ **Pues, yo trabajo en un banco.**

- ▶ **La documentación, por favor.**
- ▷ Aquí está.

La persona

▶ **Para ser una persona tan delgada, levantas mucho peso ¿no?**

▷ Sí, intento cuidarme. Sin embargo, tú eres mucho más fuerte.

▶ **¡No puedo más! Estoy demasiado gordo.**

▷ No te preocupes, solo te quedan cincuenta flexiones.

▶ **¿De qué conoces a Juan?**

▷ Es un compañero de la facultad.

▶ **Ah, es que me resulta conocido...**

▶ **Qué simpática y alegre es tu madre, ¿no?**

▷ Sí, pero últimamente está algo triste, no sé qué le pasa.

La familia

- ► Ponte más a la derecha, abuelo.
- ► ¿No estoy bien así?

- ► ¿Cuántos hermanos tienes?
- ▷ Ninguno, soy hija única, y ¿tú?
- ► Yo tengo tres hermanos, dos chicos y una chica.

- ▷ ¿Esa es tu madre?
- ► No, es mi tía que se parece mucho a ella.

- ▷ ¿Tu hermana está casada?
- ► Sí, se casó el año pasado y mi cuñado es un tío muy majo.

- ► ¿Sabes que murió Manolo?
- ▷ Sí, me lo dijo María.
- ► Por lo que me han dicho fue mucha gente a su funeral.

- ▷ ¿Tienes novia?
- ► No, pero estoy saliendo con una chica.
- ▷ Pues, yo también tengo un ligue.

La enseñanza

▶ **¿Estás estudiando en la universidad?**
▷ No, todavía no. Estoy terminando el bachillerato.
▶ **¿A qué colegio vas?**
▷ Voy al instituto Miguel de Cervantes.

▶ **¿Cuántos alumnos sois en clase?**
▷ Seremos unos treinta.
▶ **¿Qué asignatura te gusta más?**
▷ Me encantan las matemáticas.

▶ **¡He aprobado el examen práctico por fin!**
▷ ¡Qué bien! ¡Enhorabuena!

▶ **Pepe, comete la manzana y vete al recreo.**
▷ ¿No la quieres profe?

▶ **Niños, el examen durará una hora.**
▷ ¿Cuántas preguntas tiene?
▶ **Tiene 20 preguntas y es tipo test.**

El trabajo

► **Mi padre es bombero y trabaja los domingos.**
▷ El mío es ingeniero y tiene el "finde" libre.

► **¿Trabajas cerca de casa?**
▷ Sí, mi oficina está solo a 10 minutos.
► **¡Qué suerte!**

► **Te veo en la cantina a la hora de comer.**
▷ Todavía tengo que hacer unas fotocopias.
► **De acuerdo, cuando termine cierro el despacho y bajo.**

► **¿Te gusta tu trabajo?**
▷ Sí, pero trabajar como director tiene mucha responsabilidad porque tienes muchas personas a tu cargo.
► **Pero te pagan bien, ¿no?**

La vivienda

- ▶ María ha comprado una casa en la playa.
- ▷ ¿Cuántas habitaciones tiene?
- ▶ Tiene 3 habitaciones, una de ellas con una terraza muy grande.

- ▶ La bañera de este cuarto de baño es muy pequeña.
- ▷ Yo prefiero ducha, es más práctica.

- ▶ ¿Has puesto ya las cortinas en el salón?
- ▷ No, todavía no. He empezado con las de la cocina.

- ▶ ¿Dónde están mis llaves?
- ▷ Las tienes ahí, encima de la mesa.

- ▶ ¿Has visto mi máquina de afeitar?
- ▷ Sí, está junto a la pasta de dientes.

- ▶ Tienes que recoger todo el cuarto antes de ir al colegio.
- ▷ Pero no me da tiempo…
- ▶ No digas tonterías y date prisa.

Comer y beber

▶ **¿Te vas sin desayunar?**
▷ He tomado dos tostadas con mermelada.
▶ **¿Solo eso?**
▷ Sí, es suficiente.

▶ **¿Dónde vamos a comer por fin?**
▷ Podemos ir de tapas o tomar el menú
del día en cualquier restaurante.
▶ **¿Y para eso me he arreglado yo tanto?**
▷ Vale, entonces tienes que pagar tu
porque estoy fatal de dinero.

▶ **¿Qué haces comiendo a estas horas?**
¿No estabas a régimen?
▷ Pero si es solo una manzana. Además,
tenía mucha hambre.

▶ **¿Cómo desea el filete?**
▷ Lo quiero a la plancha y con
ensalada, por favor.

▶ **¿Qué me recomienda de postre?**
▷ Tenemos una tarta de queso de la
casa muy buena, aunque el helado
de pistacho también le gustaría.

▶ **¿Les ha gustado el bacalao?**
▷ No mucho, estaba un poco salado.
▶ **¡No me diga!**

La compra

▶ **¿Te parece bien este pollo?**
▷ No sé, ¿no tienes otro más grande?

▶ **¿Me pone un kilo de carne picada?**
▷ ¿La quiere de ternera o de cerdo?
▶ **Mitad y mitad.**

▷ Quiero hacer una tarta, pero me falta harina.
▶ **¿Quieres que vaya a comprarla?**
▷ Sí, por favor, y tráeme también una docena de huevos.

▶ **¿Qué le pones a la paella de marisco?**
▷ Le pongo gambas, mejillones y algo de pescado.
▶ **Pues yo no le pongo pescado y me queda muy bien.**

▶ **Yo a la ensalada solo le pongo lechuga y tomate.**
▷ A mí me gusta más variada. También le pongo pepino, cebolla y pimiento.

▶ **Me ha dicho el médico que necesito tomar vitamina C.**
▷ Debes tomar más naranjas, aunque el kiwi también tiene mucha vitamina C.

Celebraciones

▶ **¿Te has fijado en el vestido de tu cuñada?**

▷ Pues, la verdad, no le pega nada para una boda…

▶ **¿Sabes qué? Me voy a la Feria de Abril la semana que viene.**

▷ ¡Anda! Yo volví hace unos días de Sevilla.

▶ **No contéis conmigo para este fin de semana porque me voy a las Fallas.**

▷ ¡No me digas! Bueno pues pásatelo muy bien.

▶ **¿Cómo lo pasasteis en la fiesta de Paul?**

▷ Fatal, hubo mucha tensión y al final todo el mundo se fue enfadado.

▶ **¿Te ha traído muchos regalos Papá Noel?**

▷ Sí, la verdad es que se ha portado muy bien.

▶ **¿Vas a salir en Nochevieja?**

▷ Sí, voy a la fiesta de un amigo, que lo celebra en su casa. Podrías venirte…

▶ **Puf… yo este año me voy a la cama después de las uvas.**

Tiempo libre

▶ **Por favor, dos entradas para la sesión de las nueve.**

▷ ¿La fila doce le parece bien?

▶ **Vale. ¿Cuánto es?**

▷ Son 14 euros.

▶ **¿Qué vas a hacer este puente?**

▷ Tenía pensado irme unos días a la playa, pero con el mal tiempo que está haciendo…

▶ **Voy a ir mañana a la biblioteca a estudiar.**

▷ Yo también. En mi casa están haciendo obras y es imposible concentrarse.

▶ **¿Nos tomamos una cañita después del concierto?**

▷ Bueno, luego podemos ir a cenar también.

▶ **¿Qué vas a hacer esta noche?**

▷ No lo sé, ¿qué día es hoy?

▶ **Hoy es sábado.**

▷ Entonces creo que iré a la fiesta de disfraces de Juan.

▶ **Ha llamado María para invitarnos a cenar mañana. ¿Podrás ir?**

▷ Creo que sí. ¿A qué hora?

▶ **Será sobre las diez.**

Deportes

▶ **¿Practicas algún deporte?**
▷ Como casi no tengo tiempo, solo juego
al tenis algunos fines de semana.

▶ **¡Pero si ha sido penalti!**
▷ Es que menudo árbitro nos ha tocado…

▶ **¿De qué equipo eres?**
▷ Del Real Madrid, ¡por supuesto!

▶ **Estoy pensando en que deberíamos
apuntarnos a un gimnasio.**
▷ Pues sí, ¡porque no dejamos de comer!

▶ **¡¡Goooooooooooool!!**
▷ Que no… ¡Ha sido fuera de juego!

▶ **Podríamos jugar al baloncesto mañana, ¿no?**
▷ Vale, se lo diré también a Pedro.

De compras

▶ **Lo siento, pero la he visto yo primero.**
▷ De eso nada.

▶ **¡Me encanta tu camiseta!**
▷ ¡Gracias! Me costó sólo 10 € en el mercadillo.

▶ **Me gusta este jersey. ¿Cuánto vale?**
▷ Está de rebajas. Ahora vale 30 €.

▶ **¡Hola! Buenos días, ¿te puedo ayudar?**
▷ Sí, estoy buscando una falda.

▶ **Estoy buscando unos zapatos para un traje gris...**
▷ Tenemos estos negros muy bonitos. ¿Te gustan?
▶ **Casi prefiero unos más modernos...**

▶ **¿Qué tal te queda la falda?**
▷ Me queda un poco estrecha.
  ¿Tienes una talla más grande?

▶ **¿Me la puedo probar?**
▷ Sí, claro. Al fondo están los probadores.

▶ **¿Combinan estos pantalones con esta camiseta amarilla?**
▷ Creo que la verde iría mejor.

El tiempo

► **Venga, Rufo, sal que hace un día estupendo.**

► **¿Qué tiempo dicen que va a hacer mañana?**
▷ Creo que bajan las temperaturas… así que toca abrigarse.

► **¿Qué hago? ¿Me llevo el paraguas?**
▷ No, déjalo, no creo que llueva.
► **Bueno, yo me lo llevo por si las moscas…**

► **¿Qué tipo de ropa me llevo para el viaje?**
▷ De verano porque allí el clima es húmedo y hace un calor…

► **Para ser 30 de agosto, hace un poco de frío, ¿no?**
▷ Debe ser por el famoso "cambio climático".
► **Seguramente.**

► **El cielo cada vez tiene más nubes…**
▷ Sí, seguro que llueve en unas horas.

► **¡Mira qué cielo tan despejado!**
▷ Sí, pero hace un frío…

Viajar

► **¿No crees que deberíamos ir reservando los billetes?**
▷ Sí, esta misma tarde me acerco a la agencia de viajes.

► **¿Qué asientos nos han tocado?**
▷ Ventana, ¡menos mal!

► **¿En qué estación nos tenemos que bajar?**
▷ En la de Majadahonda.

► **Venga, ponte el bañador que nos vamos a la playa.**
▷ Hijo, qué prisas, ¡estamos de vacaciones!

► **Oye, ¿tienes la llave de la habitación?**
▷ ¡Pero si te la he dado antes!
► **Pues… vamos a recepción, que creo que la he perdido.**

► **Tenemos una superoferta para ir de crucero por el Caribe, ¿qué te parece?**
▷ ¡Qué buena idea! Voy a consultarlo con mi mujer.

El transporte

► **Oye, ¿por qué no cogemos un taxi?**

▷ Pero si tardamos cinco minutos andando, ¡no seas vaga!

► **¿Puedes sacar el callejero de la guantera?**

▷ ¿Nos hemos perdido o qué?

► **Es que no me suena de nada esta zona...**

► **Perdona, ¿sabes dónde está el ayuntamiento?**

▷ Sí, mira, tienes que seguir por esta calle hasta el final. Lo verás enseguida.

► **¿Este autobús pasa cerca de la calle Fuencarral?**

▷ Sí, te tienes que bajar en la parada de Gran Vía, yo te aviso.

43
47

► **Vamos a tener que parar, me estoy quedando sin gasolina.**

▷ Pues esperemos que esté cerca la próxima gasolinera...

Salud

▶ **Tengo que ir al hospital urgentemente.
¡Tengo una tos tremenda!**

▷ Tú lo que tienes que hacer es dejar de
fumar ya...

▶ **Oye, ¿por qué no ha venido María?**

▷ Está en casa con gripe. Ayer se acostó con
mucha fiebre.

▶ **Voy a ir a hacerme análisis de sangre.**

▷ Entre unas cosas y otras, te pasas el día en el
médico.

▶ **¡Qué dolor de cabeza tengo!**

▷ Espera, creo que tengo una pastilla para eso.

▶ **¿Qué tal está tu padre?**

▷ Pues ayer estuvo con vómitos y
mareos, me voy ahora al médico con él.

▶ **Bueno, pues ya me contarás, ¡que vaya
todo bien!**

▶ **¿Te has tomado las pastillas que
te receté para tu depresión?**

▷ Sí, pero creo que he tomado
demasiadas.

Cuidado personal

▶ **Hola, Justi, ¿me puedes coger ahora?**
▷ ¿Qué te vas a hacer?
▶ **Voy a teñirme y a cortarme el pelo,
pero solo las puntas.**

▶ **¿Qué perfume usas? Me gusta mucho.**
▷ Me lo regaló ayer mi marido. Después te digo
el nombre porque no me acuerdo.

▶ **¿Se me ha corrido el rímel?**
▷ No, estás perfecta.

▶ **¿Qué peinado vas a llevar para la boda de Ana?**
▷ No lo sé, a ver qué me aconseja el peluquero…

▶ **Quiero las uñas más cortas que la otra vez.**
▷ Vale.

Dinero

▶ **¿Cómo has comprado todo eso?**
▷ Con mi nueva tarjeta de crédito.

▶ **Pero, ¿no te has gastado demasiado dinero?**
▷ Es cierto, es que me ha tocado la lotería.

▶ **No me puedo comprar la casa porque, al final, el banco no me ha concedido la hipoteca.**
▷ Hay que ahorrar dos años más y esperar a que pase la crisis.

▶ **Estamos a finales de mes y todavía no me han ingresado la nómina.**
▷ Puede ser que tu empresa haya tenido problemas para realizar la transferencia.

▶ **No te lo vas a creer. Ayer me atracaron cuando sacaba dinero del cajero.**
▷ Vaya susto. Ya le he dicho que debería ir siempre su hijo.

Tecnología

▶ **Me voy a conectar a Internet para chatear con mis amigos.**

▷ ¿Puedes hacerlo con ese portátil?

▶ **Sí, porque tiene el módem adecuado.**

▶ **Ayer me descargué la película "El Ilusionista", ¿la conoces?**

▷ Sí, es muy buena, yo ya la tengo en el disco duro.

▶ **¿Alguien me la puede pasar a una memoria portátil?**

▶ **¡Es desesperante! Cada día recibo más correos electrónicos basura.**

▷ ¡Sí, y a mí me llegan cada vez más mensajes de publicidad al móvil!

Ey!qtal?cm akabasteis ayr?jaja fue lo mjor! dp t llamo y t cuento... qm ha scrito jaim! hoy salims tb no? bsz!

La hora

▶ **Por favor, ¿qué hora es?**
▷ Son las ocho menos cinco.

▶ **¿A qué hora cierra la disco?**
▷ No sé, pero creo que a las tres.

▶ **¿A qué hora cierra la tienda de Manolo?**
▷ A las tres y media.
▶ **¡Ah! pues ya está a punto de cerrar.**

▶ **¿A qué hora es la clase de español?**
▷ A las diez y media, creo.

▶ **¿Quedamos a las ocho en la salida del metro?**
▷ Vale, pero a las ocho en punto, ¿eh?

▶ **¿A qué hora pasa el autobús?**
▷ Pasa en cinco minutos.

Alphabetic index

Abbreviations used in the index:

m.	sustantivo masculino
f.	sustantivo femenino
m. y f.	sustantivo masculino y femenino
com.	sustantivo común de dos
pl.	forma plural
n. p.	nombre propio
v.	verbo
reg.	regular
irreg.	irregular
adj.	adjetivo
adv.	adverbio
prep.	preposición
pron.	pronombre
fr.	frase
fr. v.	frase verbal
perif. v.	perífrasis verbal

a prep. *to, at, into, onto* — 132
a causa de prep. *because of* — 133
a cuadros adv. *checker* — 53
a la plancha adv. *grilled* — 35
a lunares adv. *polka-dot* — 53
a rayas adv. *striped* — 53
a través de prep. *across, through* — 133
abajo adv. *below* — 128
abeja f. *bee* — 56
abeto m. *fir* — 56
abogado /-a m. y f. *lawyer* — 23
abrazo m. *hug* — 45
abrelatas m. *can opener* — 29
abrigo m. *coat* — 51
abril m. *April* — 82
abrir v. irreg. *to open* — 95
abuelo /-a m. y f. *grandfather / grandmother* — 15
abuelos m. pl. *grandparents* — 15
aburrir(se) v. *to bore, to get bored* — 95,111
acabar de + inf. perif. v. *to have just + participle* — 110
accesorio m. *accessory* — 52
aceite m. *oil* — 41
aceptar v. *to accept* — 90
acera f. *sidewalk* — 65
acerca de prep. *about* — 133
acercar(se) v. irreg. *to move closer* — 90,111
acordar(se) v. irreg. *to remember* — 90
acostar(se) v. irreg. *to lie down* — 90,111
actividad f. *activity* — 47
activo /-a adj. *active* — 10

actor m. *actor* — 47
actriz f. *actress* — 47
acuario m. *aquarium* — 63
acuerdo m. *agreement* — 25
adiós int. *goodbye* — 137
adorno m. *ornament* — 52
adornos de Navidad m. pl. *Christmas ornaments* — 43
adosado m. *semidetached house* — 32
adrede adv. *on purpose* — 129
aduanas f. pl. *customs* — 81
aeropuerto m. *airport* — 61
afeitar(se) v. *to shave* — 90,111
agencia de viajes f. *travel agency* — 60
agosto m. *August* — 82
agricultor /-a m. y f. *farmer* — 24
agua f. *water* — 38
agua con gas m. *sparkling water* — 38
agua mineral m. *mineral water* — 38
agua sin gas m. *still water* — 38
águila m. *eagle* — 55
ahora adv. *now* — 129
ahorrar v. *to save* — 90
aire m. *air* — 59
aire acondicionado m. *air conditioning* — 62
aire libre m. *outdoors* — 47
ajo m. *garlic* — 41
al horno adv. *baked* — 35
alcalde m. *Mayor* — 81
alegre adj. com. *cheerful* — 10
alemán /-a adj. *German* — 9
Alemania n.p. *Germany* — 9
alergia f. *allergy* — 70
alfombra f. *carpet* — 27
algo pron. *something* — 127
algodón m. *cotton* — 52
alguien pron. *someone* — 127
algún pron. *some* — 127
alguno /-a pron. *anyone, someone, one* — 127
algunos /-as pron. *anyone, someone, one* — 127
alimentación f. *power supply* — 79
allí adv. *there* — 128
almacén m. *warehouse* — 25
almohada f. *pillow* — 28
almorzar v. irreg. *to lunch* — 90
almuerzo m. *lunch* — 34
alquilar v. *to rent* — 90
altavoces m. pl. *speakers* — 78
alto /-a adj. *tall* — 10
alumno /-a m. y f. *pupil* — 19

ama de casa f. *housewife*	24	**atractivo /-a** adj. *attractive*	10
amable adj. com. *kind*	10	**atún** m. *tuna fish*	40
amar v. *to love*	90	**aula** m. *classroom*	20
amarillo /-a adj. *yellow*	84	**autobús** m. *bus*	67
americano /-a adj. *American*	9	**autopista** f. *highway*	67
amigo /-a m. y f. *friend*	44	**auxiliar** com. *auxiliary / assistant*	23
amistad f. *friendship*	45	**avenida** f. *avenue*	65
amor m. *love*	45	**avión** m. *plane*	66
añadir v. *to add*	95	**avisar** v. *to tell, to warn, to advice*	90
análisis de… m. *analysis of…*	71	**avispa** f. *wasp*	56
ancho /-a adj. *wide*	53	**ayer** adv. *yesterday*	129
andar v. irreg. *to walk*	90,100	**ayudar** v. *to help*	90
andén m. *platform*	61	**ayuntamiento** m. *Town Hall*	65
anillo m. *ring*	52	**azafato /-a** m. y f. *steward (hostess)*	24
año m. *year*	84	**azúcar** m. *sugar*	41
año nuevo m. *New Year*	42	**azul** adj. com. *blue*	84
ante prep. *before*	132		
antes adv. *before*	129	**b**acalao m. *cod*	40
antes de prep. *before*	133	**bachillerato** m. *A levels*	21
apagar v. irreg. *to switch off*	90	**bailar** v. *to dance*	90
apartamento m. *apartment*	32	**baile** m. *dance*	47
apellidos m. pl. *surname*	9	**bajar** v. *to lower*	90
apenas adv. *hardly, scarcely*	129	**bajo** prep. *under*	132
apendicitis f. *appendicitis*	70	**bajo /-a** adj. *short*	10
aperitivo m. *appetizer*	34	**balcón** m. *balcony*	27
apetecer v. *to crave*	93	**ballena** f. *whale*	55
aprender v. *to learn*	93	**balón** m. *ball*	49
aprendiz /-a m. y f. *trainee*	23	**baloncesto** m. *basketball*	49
aprobar v. irreg. *to approve*	90	**balonmano** m. *handball*	49
aquel pron. *that*	125	**banco** m. *bank*	25, 77
aquella pron. *that*	125	**banco** m. *bank*	65
aquellos /-as pron. *those*	125	**banda** f. *touchline*	49
aquí adv. *here*	128	**bañador** m. *badedrakt*	62
araña f. *spider*	56	**bañar(se)** v. *bade*	90,111
árbitro m. *referee*	49	**bañera** f. *bath tube*	30
árbol m. *tree*	56	**barba** f. *beard*	11
árbol de Navidad m. *Christmas tree*	43	**barco** m. *ship*	66
arbusto m. *bush*	56	**barriga** f. *belly*	13
arena f. *sand*	62	**bastante** pron. *enough*	127
Argentina n.p. *Argentina*	9	**bastante** adv. *quite a lot*	130
argentino /-a adj. *Argentinean*	9	**bastantes** pron. *quite a lot*	127
arma f. *weapon*	81	**basura** f. *rubbish*	159
armario m. *wardrobe*	28	**batería** f. *drums*	46
arquitecto /-a m. y f. *architect*	23	**batidora** f. *mixer*	29
arreglar v. *to repair*	90	**bautizo** m. *baptism*	16
arriba adv. *above*	128	**beber** v. *to drink*	93
arroces m. pl. *rice*	37	**bebida** f. *drink*	38
arroz con leche m. *rice pudding*	36	**belén** m. *crib*	43
ascensor m. *lift*	33	**besar** v. *to kiss*	90
así adv. *like that, like this*	129	**beso** m. *kiss*	45
asiento m. *seat*	61	**biblioteca** f. *library*	65
asignatura f. *subject*	19	**bicicleta** f. *bicycle*	67
aspiradora f. *vacuum cleaner*	27	**bien** adv. *to be well , well*	129
atletismo m. *athletics*	49	**bigote** m. *moustache*	11

billete m. *ticket*	60
biquini m. *bikini*	62
blanco /-a adj. *white*	84
blando /-a adj. *soft*	85
blusa f. *blouse*	51
boca f. *mouth*	12
bocadillo m. *sandwich*	38
bocata f. *sandwich*	38
boda f. *wedding*	16
bolígrafo m. *pen*	20
bollo m. *bun*	37
bolso m. *handbag*	52
bombero m. *firefighter*	24
bombilla f. *bulb*	31
bombón m. *chocolate*	38
borrador m. *board rubber, rubber*	20
borrar v. *to delete*	90
bosque m. *forest*	56
botas f. pl. *boots*	50
boutique f. *boutique*	53
bóxer m. *boxer*	51
bragas f. pl. *knickers*	51
Brasil n.p. *Brazil*	9
brasileño /-a adj. *Brazilian*	9
brazo m. *arm*	13
broma f. *joke*	45
bufanda f. *scarf*	52
buscar v. *to look for*	90
butaca f. *seat*	47
buzón de voz m. *voice mail*	79
Caballo m. *horse*	54
cabeza f. *head*	12
cable m. *cable*	79
cabra f. *goat*	54
cacerola f. *pan*	29
cadena f. *channel*	74
cadena de música f. *stereo*	79
caer(se) v. irreg. *to fall*	93 ,100, 111
café m. *coffee*	37
café americano m. *American coffee*	37
café con leche m. *coffee with milk*	37
café solo m. *black coffee*	37
cafetera f. *coffee machine*	28
cafetería f. *cafeteria*	37
caja f. *cash desk*	77
caja de ahorros f. *savings bank*	77
cajero automático m. *cash dispenser*	77
calcetines m. pl. *socks*	51
calculadora f. *calculator*	20
calentar v. irreg. *to heat*	90
calle f. *street*	65
calle peatonal f. *pedestrian street*	65
callejero m. *street map*	65
calor m. *heat*	58
calvo /-a adj. *bald*	10
calzado m. *shoes*	50
calzoncillos m. pl. *underpants*	51
cama f. *bed*	28
cámara de fotos f. *camera*	63
cámara de vídeo f. *video camera*	63
camarero /-a m. y f. *waiter/waitress*	24, 35
camarote m. *cabin*	61
cambiar v. *to change*	90
cambio m. *exchange*	77
camello m. *camel*	55
camión m. *truck*	67
camisa f. *shirt*	51
camiseta f. *T-shirt*	51
campo m. *field*	49
canario m. *canary*	55
cangrejo m. *crab*	40
cañita f. *glass of draught*	150
cansar(se) v. *to get tired*	90 ,111
cantante com. *singer*	47
cantar v. *to sing*	90
cantina f. *canteen*	25
cara f. *face*	12
caramelo m. *sweet*	38
cargo m. *position*	23
carnaval m. *carnival*	43
carne f. *meat*	40
carne picada f. *minced meat*	40
carnes f. pl. *meat*	37
carreras de coches f. pl. *car racing*	49
carretera f. *road*	67
carta f. *menu*	35
carta de vinos f. *wine list*	35
cartera f. *portfolio*	52
casado /-a m. y f. *married*	9
casar(se) v. *to get married*	90 ,111
casco histórico m. *old town*	65
cascos m. pl. *headphones*	79
casi adv. *almost, nearly*	130
catorce núm. *fourteen*	86
cazo m. *saucepan*	29
cebolla f. *onion*	41
cebra f. *zebra*	55
celebrar v. *to celebrate*	90
cena f. *dinner*	34
cenar v. *to have dinner*	90
centro m. *centre*	65, 81
centro comercial m. *shopping centre*	53
cepillo m. *brush*	30
cepillo de dientes m. *toothbrush*	30
cerca adv. *near*	128
cerca de prep. *near to, close to*	133
cerdo m. *pork*	40

cerdo m. *pig*	54
cerebro m. *brain*	13
cerrar v. irreg. *to close*	90
cerveza f. *beer*	38
césped m. *grass*	56
chalet m. *chalet*	32
champú m. *shampoo*	30
chanclas f. pl. *slippers*	62
chaqueta f. *jacket*	51
charla f. *chat*	45
charlar v. *to chat*	90
chat m. *chat*	78
chatear v. *to chat*	90
cheque m. *check*	77
chicle m. *chewing gum*	38
chico /-a m. y f. *boy / girl*	9
chimenea f. *chimney*	33
China n.p. *China*	9
chino /-a adj. *Chinese*	9
chiringuito m. *refreshment stall*	62
chiste m. *joke*	45
chocolate m. *chocolate*	37
chocolatina f. *chocolate bar*	38
chubasquero m. *raincoat*	51
chuleta f. *crib, chop*	20
churros m. pl. *churros, fritters*	37
ciclo m. *cycle*	21
cielo m. *sky*	59
cien núm. *one hundred*	86
Ciencias Naturales f. pl. *Natural Sciences*	19
Ciencias Sociales f. pl. *Social Sciences*	19
cierto adv. *of course, certainly*	131
ciervo m. *deer*	55
cinco núm. *five*	86
cincuenta núm. *fifty*	86
cine m. *film*	44
cinturón m. *belt*	52
cinturón de seguridad m. *seatbelt*	61
cita f. *date*	45
ciudad f. *city*	65
claro /-a adj. *clear*	85
clase f. *class, classroom*	19, 20
clasificación f. *classification*	49
clima m. *climate*	59
coche m. *car*	67
coche cama m. *sleeping car*	61
coche de alquiler m. *car rental*	63
cocido adv. *cooked*	35
cocina f. *kitchen*	28
cocina de cocinar f. *stove, cooker*	28
cocinar v. *to cook*	90
cocinero /-a m. y f. *chef*	24
cocodrilo m. *crocodile*	55
codo m. *elbow*	13
coger v. irreg. *to take*	93
colcha f. *bedspread*	28
colchón m. *mattress*	28
colega com. *mate*	44
colegio m. *school*	19
coliflor m. *cauliflower*	41
collar m. *necklace*	52
color m. *colour*	84
comedor m. *dining room*	27
comer v. *to eat*	93
comida f. *food*	34
comidas f. pl. *meals*	34
cómoda f. *chest of drawers*	28
compañero /-a m. y f. *partner*	44
comparar v. *to compare*	90
completar v. *to complete*	90
comprar v. *to buy*	90
comprender v. *to understand*	93
con prep. *with*	132
concejal m. *councilor*	81
concierto m. *concert*	44
concurso m. *competition*	74
conducir v. irreg. *to drive*	95
conductor /-a m. y f. *driver*	24, 61
conejo m. *rabbit*	54
confirmación f. *confirmation*	16
conflicto m. *conflict*	81
congelador m. *freezer*	28
congelados m. pl. *frozen food*	41
conmigo pron. *with me*	123
conocer v. irreg. *to know*	93
conocido /-a m. y f. *acquaintance*	44
conseguir v. irreg. *to achieve, to get*	95
conserje m. *concierge*	24
consola f. *console*	79
constipado m. *cold*	70
contar v. irreg. *to count, to tell*	90
contestar v. *to answer*	90
contigo pron. *with you*	123
continuar v. *to continue*	90
contra prep. *against*	132
control m. *control*	20
control de seguridad m. *security control*	61
copa f. *glass (with stem)*	31
copiar v. *to copy*	90
corazón m. *heart*	13
corbata f. *tie*	52
cordero m. *lamb*	40
coro m. *choir*	47
correo electrónico m. *email*	78
correr v. *to run*	93
cortar v. *to cut*	90
corte de pelo m. *haircut*	73
corte publicitario m. *commercial break*	74

cortinas f. pl. *curtains*	27	
corto /-a adj. *short*	53	
costa f. *coast*	62	
costar v. irreg. *to cost*	90	
creativo /-a adj. *creative*	10	
crecer v. irreg. *to grow*	93	
creer v. irreg. *to believe*	93	
crema f. *cream*	38	
crema de sol f. *sun cream*	62	
crema hidratante f. *moisturizing cream*	73	
crucero m. *cruise*	66	
crudo /-a adj. *raw*	35	
cruzar v. irreg. *to cross*	90	
cuaderno m. *notebook*	20	
cuadrado /-a adj. *square*	84	
cuadro m. *picture*	27	
cual pron. *which, who, whom*	126	
¿cuál? pron. *what?, which?, which one?*	126	
cuales pron. *which, who, whom*	126	
¿cuáles? pron. *which?*	126	
cualquier pron. *(before a m.) any one*	127	
cualquiera pron. *anyone, anybody*	127	
¡cuánto /-a! pron. *what a lot!*	126	
¿cuánto /-a? pron. *how much?*	126	
¡cuántos /-as! pron. *what a lot!*	126	
¿cuántos /-as? pron. *how many?*	126	
cuarenta núm. *forty*	86	
cuarto m. *room*	28	
cuarto /-a ord. *fourth*	85	
cuarto de aseo m. *toilet*	30	
cuarto de baño m. *bathroom*	30	
cuatro núm. *four*	86	
cubiertos m. pl. *cutlery*	31	
cubo m. *bucket*	27	
cubo de basura m. *bin*	28	
cuchara f. *spoon*	31	
cucharilla f. *teaspoon*	31	
cuchilla de afeitar f. *razor blade*	30	
cuchillo m. *knife*	31	
cuello m. *neck*	12	
cuenta f. *account*	77	
cuero m. *leather*	52	
cuerpo m. *body*	13	
cuidar v. *to take care of*	90	
culebrón m. *soap opera*	74	
cumpleaños m. *birthday*	16	
cuñado /-a m. y f. *brother-in-law*	15	
currículo m. *curriculum*	25	
curso m. *course*	47	

danés **/-a** adj. *Danish* — 9

danza f. *dance*	44
dar v. irreg. *to give*	90, 100
dar una vuelta fr. v. *to go for a walk*	47

de prep. *of, from, for*	132
debajo adv. *under*	128
debajo de prep. *under*	133
deber v. *to owe, to have to*	93
deber + inf. perif. v. *must + infinitive*	109
deberes m. pl. *homework*	20
débil adj. com. *weak*	10
decidir v. *to decide*	95
decir v. irreg. *to say*	95 ,100
dedo m. *finger*	13
dejar v. *to leave*	90
dejar de + inf. perif. v. *to stop + gerund*	109
del prep. *contraction of "de" and "el"*	132
delante adv. *in front*	128
delante de prep. *in front of*	133
delfín m. *dolphin*	55
delgado /-a adj. *thin*	10
demasiado adv. *too much, too many*	130
demasiado /-a pron. *too much*	127
demasiados /-as pron. *too many*	127
democracia f. *democracy*	81
dentista com. *dentist*	23
dentro adv. *inside*	128
dentro de prep. *in, inside*	133
departamento m. *department*	25
dependiente /-a m. y f. *shop assistant*	24
deporte m. *sports*	49
deportivos f. pl. *sport shoes, sneakers, trainers*	50
derecha f. *right*	81
desayunar v. *to have breakfast*	90
desayuno m. *breakfast*	34
descansar v. *to rest*	90
descarga f. *download*	78
describir v. irreg. *to describe*	95
desde prep. *from, since, after*	132
desear v. *to want*	90
desnatado /-a adj. *skimmed*	40
desodorante m. *deodorant*	30
despacho m. *office*	25
despacio adv. *slowly*	129
despedir(se) v. irreg. *to say goodbye*	95 ,111
despejado adj. *clear*	59
despertar(se) v. irreg. *to wake up*	90 ,111
después adv. *afterwards*	129, 130
después de prep. *after*	133
destino m. *destination*	60
destornillador m. *screwdriver*	32
desván m. *attic*	27
detergente m. *detergent*	31
detrás adv. *behind*	128
detrás de prep. *behind*	133
día m. *day*	84
Día de todos los Santos m. *All Saints Day*	43
día libre m. *day off*	44

diarrea f. *diarrhoea*	70
dibujar v. *to draw*	90
diciembre m. *December*	82
diecinueve núm. *nineteen*	86
dieciocho núm. *eighteen*	86
dieciséis núm. *sixteen*	86
diecisiete núm. *seventeen*	86
dientes m. pl. *teeth*	12
diez núm. *ten*	86
¡diga! int. *hello!*	138
Dinamarca n.p. *Denmark*	9
dinero m. *money*	77
diputado m. *Member of Parliament (MP)*	81
director /-a m. y f. *director*	19, 23
disco duro m. *hard drive*	78
discoteca f. *disco*	47
discusión f. *discussion*	45
discutir v. *to argue*	95
divertir(se) v. irreg. *to have fun, to entertain*	95,111
divisa f. *currency*	60
divorciado /-a m. y f. *divorced*	16
divorcio m. *divorce*	16
doce núm. *twelve*	86
docena f. *twelve*	148
documental m. *documentary*	74
documento m. *document*	25
doler v. irreg. *to hurt*	93
dolor de cabeza m. *headache*	69
dolor de espalda m. *backache*	69
dolor de estómago m. *stomachache*	69
dolor de garganta m. *sore throat*	69
dolor de muelas m. *toothache*	69
dolor de oídos m. *earache*	69
domingo m. *Sunday*	83
dormir v. irreg. *to sleep*	95
dormitorio m. *bedroom*	28
dos núm. *two*	86
doscientos núm. *two hundred*	86
ducha f. *shower*	30
duchar(se) v. *to have a shower*	90,111
dulce adj. com. *sweet*	35
durar v. *to last*	90
duro /-a adj. *hard*	85

e conj. *and (before a word starting in i or y)*	134
echar v. *to throw*	90
economista com. *economist*	23
edad f. *age*	9, 21
edificio m. *building*	65
edredón m. *duvet*	28
educación f. *education*	19
Educación Física f. *Physical Education*	19
efectivo m. *cash*	77
el art. *the*	120

él pron. *he*	123
el tiempo m. *the weather*	59
elecciones f. pl. *elections*	81
electricista m. *electrician*	24
elefante m. *elephant*	55
elegir v. irreg. *to choose*	95
ella pron. *she*	123
ellos /-as pron. *they*	123
emborrachar(se) v. *to get drunk*	90,111
empezar v. irreg. *to start*	90
empleado /-a m. y f. *employee*	23
empresa f. *company*	25
en prep. *in, on, at, into*	132
en lugar de prep. *instead of*	133
encantar v. *to adore*	90
encender v. irreg. *to switch on*	93
encima adv. *on top of*	128
encima de prep. *on top of, above*	133
encimera f. *worktop, countertop*	28
encontrar v. irreg. *to find*	90
enero m. *January*	82
enfermedad f. *disease*	70
enfermera f. *nurse*	71
enfermo /-a adj. *ill*	71
enfrente adv. *opposite*	128
enfrente de prep. *opposite, in front of*	133
¡enhorabuena! int. *congratulations!*	138
ensaladas f. pl. *salads*	37
enseñanza f. *education*	19
enseñanza infantil f. *preschool*	21
enseñanza no obligatoria f. *non-compulsory education*	21
enseñanza obligatoria f. *compulsory education*	21
enseñanza primaria f. *primary school*	21
enseñanza secundaria f. *secondary education*	21
enseñar v. *to teach*	90
entender v. irreg. *to understand*	93
entonces adv. *then*	129, 150
entrada f. *entrance hall*	27, 35, 47
entrar v. *to enter*	90
entre prep. *between, among*	132
entrecot m. *fillet steak, entrecôte*	38
entrenador /-a m. y f. *coach*	23
entrenamiento m. *training*	47
entrenar v. *to train*	90
entrevista f. *interview*	74
enviar v. *to send*	90
equipaje de mano m. *hand luggage*	61
equipo m. *team*	49
escala f. *stop*	61
escenario m. *stage*	47
escoba f. *broom*	27
escribir v. irreg. *to write*	95
escuchar v. *to listen*	90

ese /-a pron. *that* — 125

esos /-as pron. *those* — 125

espacio m. *space* — 27

espalda f. *back* — 13

España n.p. *Spain* — 9

español /-a adj. *Spanish* — 9

especias f. pl. *spices* — 41

espectáculo m. *show, perfomance* — 44

espejo m. *mirror* — 73

esperar v. *to wait* — 90

esposo /-a m. y f. *husband / wife* — 16

espuma f. *foam* — 73

espuma de afeitar f. *shaving cream* — 30

esquí m. *skiing* — 49

esquí alpino m. *downhill skiing* — 49

esquí de fondo m. *cross-country skiing* — 49

esquiar v. *to ski* — 90

estación f. *station, season* — 61, 83

estadio m. *stadium* — 49

Estados Unidos n.p. *United States* — 9

estanco m. *tobacconist's* — 53

estantería f. *shelf* — 27

estar v. irreg. *to be* — 90 ,100, 105

estar + gerundio perif. v. *to be + gerund* — 110

estar bien fr. v. *to be well* — 113

estar cansado /-a fr. v. *to be tired* — 113

estar contento /-a fr. v. *to be pleased* — 113

estar enamorado /-a fr. v. *to be in love* — 113

estar encantado /-a fr. v. *to be delighted* — 113

estar fatal fr. v. *to be terrible* — 113

estar feliz fr. v. *to be happy* — 113

estar mal fr. v. *to be ill* — 113

estar satisfecho /-a fr. v. *to be satisfied* — 113

estar tranquilo /-a fr. v. *to be calm* — 113

este m. *East* — 85

este /-a pron. *this* — 125

estómago m. *stomach* — 13

estos /-as pron. *these* — 125

estrecho /-a adj. *narrow* — 53

estrella f. *star* — 47

estuche m. *pencil case* — 20

estudiante com. *student* — 19

estudiar v. *to study* — 90

estudio m. *studio apartment* — 32

estudios m. pl. *studies* — 20

evento m. *event* — 47

examen m. *exam* — 20

éxito m. *success* — 47

explicar v. *to explain* — 90

fábrica f. *factory* — 25

fachada f. *facade* — 33

factura f. *invoice* — 77

facturación f. *check-in* — 61

falda f. *skirt* — 51

falta f. *fault* — 49

faltar v. *to lack* — 90

familia f. *family* — 15

familia política f.
my wife's/husband's family (my in-laws) — 15

famoso m. *famous* — 75

fax m. *fax* — 25

febrero m. *February* — 82

fecha f. *date* — 60

fecha de nacimiento m. *birth date* — 9

¡felicidades! int. *congratulations!* — 138

felicitar v. *to congratulate* — 91

feo /-a adj. *ugly* — 10

Feria de Abril f. *April fair (Seville)* — 43

ferry m. *ferry* — 66

festivos m. pl. *bank holidays* — 44

fiambre m. *cold meats* — 41

fichero m. *file* — 78

fiebre f. *fever* — 70

fiesta de pueblo f. *village fiesta* — 43

filete m. *steak* — 38

fin de semana m. *weekend* — 44

finalmente adv. *finally* — 130

física f. *physics* — 19

fisioterapeuta com. *physiotherapist* — 23

flan m. *caramel custard* — 36

flauta f. *flute* — 46

flexión f. *push-up* — 142

flor f. *flower* — 56

foca f. *seal* — 55

footing m. *jogging* — 47

forma f. *shape* — 84

formación profesional f. *professional training* — 21

foro m. *forum* — 78

fotocopia f. *photocopy* — 145

fotocopiadora f. *photocopier* — 25

fractura f. *fracture* — 70

francés /-a adj. *French* — 9

Francia n.p. *France* — 9

fregadero m. *sink* — 28

fregona f. *mop* — 27

fresa f. *strawberry* — 41

frío m. *cold* — 58

frito adv. *fried* — 35

frontera f. *border* — 81

fruta f. *fruit* — 41

fuera adv. *outside* — 128

fuera de prep. *outside, out of, apart from* — 133

fuera de juego m. *offside* — 49

fuerte adj. com. *strong* — 10

fumar v. *to smoke* — 91

funcionario /-a m. y f. *government employee* — 23

funeral m. *funeral* — 16

furgoneta f. *van*	67
fútbol m. *football*	49

gafas f. pl. *glasses* — 11
gafas de sol f. pl. *sunglasses* — 62
gallina f. *hen* — 54
gamba f. *shrimp* — 40
ganar v. *to win* — 91
garaje m. *garage* — 27
gasóleo m. *diesel* — 67
gasolina f. *gasoline* — 67
gasolinera f. *gas station* — 67
gastar v. *to spend* — 91
gato /-a m. y f. *cat* — 55
gaviota f. *seagull* — 55
gel de baño m. *bath gel* — 30
gente f. *people* — 44
geografía f. *geography* — 19
gerente com. *manager* — 23
gimnasio m. *gym* — 47
girar v. *to turn* — 91
glaciar m. *glacier* — 62
gobierno m. *government* — 81
gol m. *goal* — 49
golf m. *golf* — 49
golosinas f. pl. *candy* — 38
gordo /-a adj. *fat* — 10
gorra f. *cap* — 52
gorro m. *hat* — 52
grabación f. *recording* — 78
gracias int. *thank you* — 137
grada f. *terrace* — 49
grado medio m. *middle grade* — 21
grado superior m. *superior level* — 21
grande adj. *big* — 84
granizo m. *hail* — 58
gratinado adv. *gratin* — 35
grifo m. *tap* — 30
gripe f. *flu* — 70
gris adj. *grey* — 84
grupo m. *group* — 19, 47
guantes m. pl. *gloves* — 52
guapo /-a adj. *handsome, pretty* — 10
guardar v. *to put, to keep, to save* — 91
guardería f. *nursery* — 19
Guardia Civil f. *Guardia Civil* — 81
guarnición f. *garnish* — 38
guerra f. *war* — 81
guía com. *guide* — 63
guiso m. *stew* — 35
guitarra f. *guitar* — 46
gustar v. *to like* — 91,107

haber v. irreg. *to have* — 93,100
habitación f. *room* — 27, 62
hablar v. *to speak* — 91
hacer v. irreg. *to make, to do* — 93 ,101
hacia prep. *towards, about* — 132
hamburguesa f. *hamburger* — 38
harina f. *flour* — 41
hasta prep. *to, as far as, up to, until* — 132
hay v. irreg. *there is / are* — 108
hay que + inf. perif. v. *to need to + inf.* — 110
helado m. *ice cream* — 36
helicóptero m. *helicopter* — 66
hermano /-a m. y f. *brother / sister* — 15
hermanos m. pl. *brothers / sisters* — 15
herramientas f. pl. *tools* — 32
hielo m. *ice* — 59
hierba f. *grass* — 56
hijos m. pl. *children* — 15
hincha com. *supporter* — 49
hipoteca f. *mortgage* — 77
historia f. *history, story* — 19, 45
hijo /-a m. y f. *son / daughter* — 15
hobbies m. pl. *hobbies* — 47
¡hola! int. *hello!, hi!* — 137
hombre m. *man* — 9
hombro m. *shoulder* — 13
hora f. *hour* — 84
horario m. *schedule, timetable* — 20
horarios m. pl. *timetables, times* — 61
hormiga f. *ant* — 56
horno m. *oven* — 28
hospital m. *hospital* — 25, 71
hotel m. *hotel* — 62
hoy adv. *today* — 129
hueso m. *bone* — 13
humedad f. *humidity* — 59

identificación f. *identification* — 9
iglesia f. *church* — 65
importar v. *to import, to matter* — 91
impresora f. *printer* — 25, 78
imprimir v. irreg. *to print* — 95
información f. *information* — 61
informático /-a m. y f. *computer technician* — 23
ingeniero /-a m. y f. *engineer* — 23
Inglaterra n.p. *England* — 9
inglés /-a adj. *English* — 9
inmigración f. *immigration* — 81
inodoro m. *toilet, lavatory* — 30
instalación f. *installation* — 78
instituto m. *secondary school* — 19
instrumento m. *instrument* — 46
inteligente adj. com. *intelligent* — 10
interesar v. *to interest* — 91

interior m. *inside*	62	
internet m. *Internet*	78	
invierno m. *winter*	83	
invitar v. *to invite*	91	
ir v. irreg. *to go*	95 ,101	
ir a + inf. perif. v. *to be go to + inf.*	110	
ir de compras fr. v. *to go shopping*	45	
ir de copas fr. v. *to go drinking*	45	
ir de juerga fr. v. *to go out on the town*	45	
ir de marcha fr. v. *to go out partying*	45	
ir de visita fr. v. *to go visiting*	45	
Italia n.p. *Italy*	9	
italiano /-a adj. *Italian*	9	
izquierda f. *left*	81	
jabón m. *soap*	30	
jamás adv. *never*	131	
Japón n.p. *Japan*	9	
japonés /-a adj. *Japanese*	9	
jardín m. *garden*	27	
jardinero /-a m. y f. *gardener*	24	
jarra f. *jar*	31	
jefe /-a m. y f. *boss*	23	
jersey m. *jumper*	51	
joven adj. com. *young*	10	
joyería f. *jewellery*	53	
juego m. *game*	79	
juego de rol m. *role-playing game*	78	
juego online m. *online game*	78	
jueves m. *Thursday*	83	
jugador m. *player*	49	
jugar v. irreg. *to play*	91	
julio m. *July*	82	
junio m. *June*	82	
junto a prep. *close to, near*	133	
la art. *the*	120	
la pron. *her, you, it*	123	
labios m. pl. *lips*	12	
laca f. *hairspray*	73	
laca de uñas f. *nail varnish*	73	
lácteos m. pl. *milk*	40	
lago m. *lake*	62	
lámpara f. *lamp*	27	
lamparita f. *lamp*	28	
lana f. *wool*	52	
lápiz m. *pencil*	20	
largo /-a adj. *long*	53	
las art. *the*	120	
las pron. *them, you*	123	
Las Fallas f. pl. *The Fallas (Valencia)*	43	
lavabo m. *washbasin*	30	
lavadero m. *laundry*	27	
lavado m. *washing*	73	
lavadora f. *washing machine*	27	
lavar(se) v. *to wash*	91 ,111	
lavavajillas m. *dishwasher*	28	
le pron. *him. her, it*	123	
leche f. *milk*	40	
lechuga f. *lettuce*	41	
leer v. irreg. *to read*	93	
lejos adv. *far*	128	
lejos de prep. *far from*	133	
lengua f. *tongue, language*	12, 19	
león m. *lion*	55	
levantar(se) v. *to get up*	91 ,111	
librería - papelería f. *bookshop - stationer's*	53	
libro m. *book*	20	
lila adj. com. *lilac*	84	
limpiar v. *to clean*	91	
linea aérea f. *airline*	60	
liso /-a adj. *plain*	53	
listo /-a adj. *clever*	10	
literatura f. *literature*	19	
llamada f. *call*	79	
llamada perdida f. *lost call*	79	
llamar(se) v. *to call (oneself)*	91 ,111	
llave f. *key*	62	
llave inglesa f. *wrench*	32	
llegada f. *arrival*	61	
llegar v. *to arrive*	91	
llenar v. *to fill*	91	
llevar + gerundio perif. v. *to have been + gerund*	109	
llevar + participio perif. v. *to have + participle*	109	
llevar(se) v. *to carry, to take*	91 ,111	
llover v. irreg. *to rain*	93	
lluvia f. *rain*	58	
lo art. *the*	120	
lo pron. *him, her, you, it*	123	
lo siento int. *sorry!*	137	
lobo /-a m. y f. *wolf*	55	
loco /-a adj. *crazy*	10	
logopeda com. *speech therapist*	23	
loro m. *parrot*	55	
los art. *the*	120	
los pron. *them, you*	123	
lotería f. *lottery*	77	
lotería de Navidad f. *Christmas lottery*	43	
luego adv. *later*	129	
lugar m. *place*	60	
lugar de nacimiento m. *birth place*	9	
lugar de trabajo m. *work place*	25	
luna de miel f. *honeymoon*	16	
lunes m. *Monday*	83	
macedonia de frutas f. *fruit salad*	36	
madre f. *mother*	15	
madrina f. *godmother*	16	

majo /-a adj. *nice*	10	**meter(se)** v. *to put, to get into*	93,111
mal adv. *badly, to be ill*	129	**metro** m. *subway*	67
maleta f. *suitcase*	61	**mexicano /-a** adj. *Mexican*	9
mañana adv. *tomorrow*	129	**México** n.p. *Mexico*	9
mandar v. *to tell, to send*	91	**mí** pron. *me*	123
mano f. *hand*	13	**mi** pron. *my*	124
manta f. *blanket*	28	**microondas** m. pl. *microwave*	28
mantequilla f. *butter*	40	**mientras** adv. *meanwhile*	129
manzana f. *apple*	41	**miércoles** m. *Wednesday*	83
mapa f. *map*	63	**mil** núm. *one thousand*	86
maquillaje m. *makeup*	73	**millón** núm. *one million*	86
maquina de afeitar f. *shaver*	30	**minuto** m. *minute*	84
maquinilla de afeitar f. *shaving machine*	30	**mío /-a** pron. *mine*	124
mar m. *sea*	62	**míos / -as** pron. *mine*	124
marcar v. *to mark*	91	**mirar** v. *to look at*	91
mareo m. *dizziness*	70	**mis** pron. *my*	124
margarina f. *margarine*	41	**mochila** f. *satchel, bag*	20, 52
mariposa f. *butterfly*	56	**molestar** v. *to disturb*	91
mariscos m. pl. *seafood*	37	**monarquía** f. *monarchy*	81
marrón adj. com. *brown*	84	**mono /-a** m. y f. *monkey*	55
martes m. *Tuesday*	83	**montaña** f. *mountain*	62
martillo m. *hammer*	32	**montar(se)** v. *to ride*	91 ,111
marzo m. *March*	82	**moreno /-a** adj. *dark-haired*	10
más adv. *more*	130	**morir** v. irreg. *to die*	95
matar v. *to kill*	91	**Moros y Cristianos** n.p.	
Matemáticas f. pl. *Mathematics*	19	*Moors and Christians (Comunidad Valenciana)*	43
matrimonio m. *marriage*	16	**mosca** f. *fly*	56
mayo m. *May*	82	**mosquito** m. *mosquito*	56
mayor adj. com. *old*	10	**moto** f. *motorcycle*	67
me pron. *me*	123	**mover** v. irreg. *to move*	93
mecánico m. *mechanic*	24	**mucho** adv. *a lot*	130
mechas f. pl. *wicks*	73	**mucho /-a** pron. *a lot, much*	127
media pensión f. *half board*	62	**muchos /-as** pron. *many*	127
mediano /-a adj. *medium*	84	**muelle** m. *pier, wharf*	61
medias f. pl. *stockings*	51	**mujer** f. *woman*	9
medicina f. *medicine*	71	**músculo** m. *muscle*	13
médico /-a m. y f. *medicine doctor*	23, 71	**museo** m. *museum*	63
medios de comunicación f. *media*	75	**música** f. *music*	47
mejillón m. *mussel*	40	**muslo** m. *thigh*	13
memoria f. *memory*	20	**muy** adv. *very*	130
menos adv. *less*	130		
mensaje m. *message*	78	**nacer** v. irreg. *to be born*	93
mensaje corto m. *short message*	79	**nacimiento** m. *birth*	16
mentira f. *lie*	45	**nacionalidad** f. *nationality*	9
menú m. *menu*	38	**Naciones Unidas** f. pl. *United Nations*	81
menú del día m. *menu of the day*	35	**nada** pron. *nothing*	127
menudo-a adj. *what a…!*	151	**nada** adv. *nothing*	130
mercadillo m. *flea market*	65	**nadar** v. *to swim*	91
mercado m. *market*	65	**nadie** pron. *no one*	127
merienda f. *afternoon snack*	34	**nalgas** f. pl. *buttocks*	13
merluza f. *hake*	40	**naranja** f. *orange*	41
mes m. *month*	84	**naranja** adj. com. *orange*	84
mesa f. *table*	27	**nariz** f. *nose*	12
mesita de noche f. *nightstand*	28	**nata** f. *cream*	40

natación f. *swimming*   49
Navidad f. *Christmas*   42
necesitar v. *to need*   91
negro /-a adj. *black*   84
nevar v. irreg. *to snow*   91
nevera f. *fridge*   28
ni conj. *neither… nor…*   134
ni… , …ni conj. *neither… nor…*   134
nieto /-a m. y f. *grandchild*   15
nieve f. *snow*   58
ningún pron. *(before a m.) none*   127
ninguno /-a pron. *none, no (n)*   127
niño /-a m. y f. *child*   9
no adv. *no, not*   131
no… , sino… conj. *not… but …*   134
Nochevieja f. *New Year's Eve*   42
Nochebuena f. *Christmas Eve*   42
nombre m. *name, noun*   9, 121
nómina f. *payroll*   77
Norte m. *North*   85
Noruega n.p. *Norway*   9
noruego /-a adj. *Norwegian*   9
nos pron. *us, ourselves*   123
nosotros /-as pron. *we*   123
noticia f. *news*   75
noveno /-a ord. *ninth*   85
noventa núm. *ninety*   86
noviembre m. *November*   82
novio /-a m. y f. *boyfriend / girlfriend*   16
nube f. *cloud*   59
nuera f. *daughter-in-law*   15
nuestro /-a pron. *our*   124
nuestros /-as pron. *ours*   124
nueve núm. *nine*   86
número m. *number*   86
nunca adv. *never*   129, 131

O conj. *or*   134
o… , o… conj. *either… or…*   134
obra f. *work*   47
obrero /-a m. y f. *worker*   24
ochenta núm. *eighty*   86
ocho núm. *eight*   86
octavo /-a ord. *eighth*   85
octubre m. *October*   82
Oeste m. *West*   85
oficina f. *office*   25
¡oiga! int. *hello! excuse me!*   137
oír v. irreg. *to hear*   95, 101
ojo m. *eye*   12
ojos azules m. pl. *blue eyes*   11
ojos negros m. pl. *black eyes*   11
ojos verdes m. pl. *green eyes*   11
oler v. irreg. *to smell*   93

olvidar v. *to forget*   91
once núm. *eleven*   86
opinar v. *to think*   91
ordenador m. *computer*   25, 78
ordinal m. *ordinal*   85
oreja f. *ear*   12
os pron. *you, yourselves*   123
oscuro /-a adj. *dark*   85
oso /-a m. y f. *bear*   55
otoño m. *autumn*   83
oveja f. *sheep*   54

paciente m. *patient*   71
padre m. *father*   15
padres m. pl. *parents*   15
padrino m. *godfather*   16
pagar v. irreg. *to pay*   91
pago m. *payment*   77
país m. *country*   9
palacio m. *palace*   65
palomitas f. pl. *popcorn*   38
pañales m. pl. *diapers*   31
pantalla f. *screen*   20, 78
pantalón m. *pants*   51
pantis m. pl. *panties*   51
pañuelo m. *handkerchief*   52
Papá Noel m. *Santa Claus*   43
papel m. *paper*   25
papel higiénico m. *toilet paper*   30
papelera f. *paper bin*   20
para prep. *for, to*   132
para que conj. *so that*   134
parada f. *stop*   61
parado /-a m. y f. *unemployed*   25
paraguas m. *umbrella*   59
parar v. *to stop*   91
parecer(se) v. irreg. *to look, to look like*   93, 111
pared f. *wall*   33
pareja f. *couple*   16
parientes m. pl. *relatives*   15
parlamento m. *parliament*   81
paro m. *unemployment*   25
parque m. *park*   65
parque de atracciones m. *amusement park*   63
partido m. *game, party*   49, 81
pasado /-a adj. *overcooked*   35
pasajero m. *passenger*   61
pasaporte m. *passport*   9, 60
pasar v. *to happen, to go through*   91
pasear v. *to take a walk*   91
paseo m. *walk*   47
pasillo m. *aisle*   27
paso de cebra m. *zebra crossing*   65
pasta de dientes f. *toothpaste*   30

pastas f. pl. *pasta*	37	
pastilla f. *tablet , pill*	71	
patata f. *potato*	41	
patatas fritas f. pl. *chips*	38	
pato m. *duck*	54	
pavo m. *turkey*	40, 54	
paz f. *peace*	81	
peaje m. *toll*	67	
pecho m. *chest*	13	
pedir v. irreg. *to ask for*	95	
pegar(se) v. irreg. *to stick, to hit*	91,111	
peinado m. *hairstyle*	73	
peinar(se) v. *to comb (one's hair)*	91,111	
peine m. *comb*	30	
pelea f. *fight*	45	
pelear v. *to fight*	91	
película f. *film*	47	
película doblada f. *dubbed film*	47	
pelirrojo /-a adj. *redhead*	10	
pelo m. *hair*	12	
pelo corto m. *short hair*	11	
pelo largo m. *long hair*	11	
pelo liso m. *straight hair*	11	
pelo rizado m. *curly hair*	11	
pelota de... f. *...ball*	49	
peluquería f. *hairdresser's*	73	
peluquero /-a m. y f. *hairdresser*	23, 73	
penalti m. *penalty*	49	
pendientes m. pl. *earrings*	52	
pensar v. irreg. *to think*	91	
pensión completa f. *full board*	62	
pepino m. *cucumber*	41	
pequeño /-a adj. *small*	84	
pera f. *pear*	41	
perder v. irreg. *to lose*	93	
¡perdona! int. *excuse me!*	137	
perfume m. *perfume*	30, 73	
periódico m. *newspaper*	75	
periodista com. *journalist*	74	
pero conj. *but*	134	
perrito caliente m. *hot dog*	38	
perro /-a m. y f. *dog*	55	
persianas f. pl. *blinds*	33	
persona f. *person*	9	
personalidad f. *personality*	10	
pescado m. *fish*	40	
pescados m. pl. *fish*	37	
piano m. *piano*	46	
picante adj. com. *spicy, hot*	35	
picar v. irreg. *to sting, to nibble*	91	
pie m. *foot*	13	
piel f. *skin*	13, 52	
pierna f. *leg*	13	
pila f. *battery*	79	
piloto com. *pilot*	23	
pingüino m. *penguin*	55	
pino m. *pine*	56	
pintalabios m. pl. *lipstick*	73	
pintar v. *to paint*	91	
piscina f. *pool*	27, 62	
piso m. *floor*	32	
pizarra f. *board*	20	
pizza f. *pizza*	38	
planta f. *floor*	25	
planta f. *plant*	56	
plátano m. *banana*	41	
plato m. *plate*	31	
playa f. *beach*	62	
plaza f. *square, circus*	65	
plaza mayor f. *main square*	65	
poco adv. *little*	130	
poco /-a pron. *little*	127	
pocos /-as pron. *few*	127	
poder v. irreg. *to be able to*	93,101	
poder + inf. perif. v. *can + infinitive*	109	
policía f. *police*	81	
policía com. *police*	23	
política f. *policy*	81	
político m. *politician*	81	
pollo m. *chicken*	40	
poner(se) v. irreg. *to become, to put (on)*	93, 101, 111	
ponerse a + inf. perif. v. *to beging to + infinitive*	110	
por prep. *because of, for, by*	132	
por eso conj. *that is why*	134	
por favor int. *please...*	137	
por la mañana adv. *in the morning*	129	
por la noche adv. *in the evening, at night*	129	
por la tarde adv. *in the afternoon*	129	
por tanto conj. *that is why, so*	134	
portátil m. *laptop*	78	
Portugal n.p. *Portugal*	9	
portugués /-a adj. *Portuguese*	9	
postre m. *dessert*	35	
practicar v. *to practise*	91	
preferir v. irreg. *to prefer*	95	
preguntar v. *to ask*	91	
prensa f. *press*	75	
preparación f. *preparation*	35	
preparar v. *to prepare*	91	
presentar v. *to present*	91	
presidente m. *President*	81	
presidente del gobierno m. *Prime Minister*	81	
préstamo m. *loan*	77	
primavera f. *spring*	83	
primer plato m. *first course*	35	
primera comunión f. *First Communion*	16	
primeramente adv. *firstly*	130	
primero /-a ord. *first*	85	

primo /-a m. y f. *cousin* — 15
princesa f. *Princess* — 81
príncipe m. *Prince* — 81
probar v. irreg. *to try* — 91
profesión f. *profession* — 23
profesor /-a m. y f. *teacher* — 19
programa m. *program* — 47, 74
prometer v. *to promise* — 93
pronto adv. *soon* — 129
proyector m. *projector* — 20
psicólogo /-a m. y f. *psychologist* — 23
publicidad f. *advertising* — 75
puente m. *long weekend* — 44
puente m. *bridge* — 65
puerro m. *leek* — 41
puerta f. *door* — 33
puerta de embarque f. *gate* — 61
puerto m. *port* — 61
puesto m. *position* — 23
pulmón m. *lung* — 13
pulsera f. *bracelet* — 52
pupitre m. *desk* — 20
puré m. *puree* — 38

que pron. *that, which* — 126
¡qué! pron. *what!* — 126
¿qué? pron. *what?, which?* — 126
quedar(se) v. *to stay, to remain* — 91, 111
quejar(se) v. *to remain, to complain* — 91, 111
querer v. irreg. *to want* — 93, 101
querer + inf. perif. v. *want to + inf.* — 109
queso m. *cheese* — 40
quien pron. *who, whom* — 126
¿quién? pron. *who?* — 126
quienes pron. *who, whom* — 126
¿quiénes? pron. *who?* — 126
química f. *chemistry* — 19
quince núm. *fifteen* — 86
quinientos núm. *five hundred* — 86
quinto /-a ord. *fifth* — 85
quizá adv. *perhaps, maybe* — 131
quizás adv. *perhaps, maybe* — 131

raciones f. pl. *portions* — 35
radio f. *radio* — 75
radiografía f. *X-ray* — 71
rama f. *branch* — 56
rascacielos m. *skyscraper* — 65
ratón m. *mouse* — 55, 78
rayo m. *bolt (of lightning)* — 59
recepción f. *reception* — 62
recibir v. *to receive* — 95
recogedor m. *collector* — 27
recomendar v. irreg. *to recommend* — 91

recordar v. irreg. *to remember* — 91
recreo m. *break, recess* — 20
red f. *network* — 78
redondo /-a adj. *round* — 84
refresco m. *soft drink* — 38
regalar v. *to give as a present* — 91
regalo de Navidad m. *Christmas gift* — 43
régimen m. *diet* — 147
regla f. *rule* — 20
reina f. *Queen* — 81
reír v. irreg. *to laugh* — 95
relación f. *relationship* — 45
religión f. *religion* — 19
reloj m. *watch* — 52
relojería f. *clock and watch shop* — 53
repetir v. irreg. *to repeat* — 95
reportaje m. *report* — 74
reserva f. *reservation* — 47, 60
reservar v. *to reserve* — 91
responsable com. *responsible* — 23
restaurante m. *restaurant* — 35
revisor m. *ticket inspector* — 61
revista f. *magazine* — 75
revista del corazón f. *gossip magazine* — 75
revuelto m. *scrambled eggs with…* — 35
rey m. *King* — 81
Reyes m. *Epiphany, Three Wise Men's Day* — 42
rico /-a adj. *good, nice* — 35
rímel m. *mascara* — 73
río m. *river* — 62
roca f. *rock* — 62
rodilla f. *knee* — 13
rojo /-a adj. *red* — 84
romper v. irreg. *to break* — 93
ropa f. *clothes* — 51
ropa de hombre f. *men's wear* — 51
ropa de mujer f. *women's wear* — 51
ropa interior f. *underwear* — 51
rosa f. *rose* — 56
rosa adj. com. *pink* — 84
roscón de Reyes m. *Three Wise Men's cake* — 43
rotulador m. *felt pen* — 20
rubio /-a adj. *blond* — 10
Rusia n.p. *Russia* — 9
ruso /-a adj. *Russian* — 9
ruta f. *route* — 61

Sábado m. *Saturday* — 83
sábana f. *sheet* — 28
saber v. irreg. *to know* — 93, 102
saber + inf. perif. v. *to know how to + inf.* — 109
sabor m. *taste* — 35
sacacorchos m. *corkscrew* — 29
sacapuntas m. *pencil sharpener* — 20

sacar v. irreg. *to take out* — 91
sal f. *salt* — 41
sala de juntas f. *meeting room* — 25
salado /-a adj. *salted* — 35
salchicha f. *sausage* — 40
saldo m. *balance* — 77
salida f. *departure* — 61
salir v. irreg. *to leave* — 95,102
salmón m. *salmon* — 40
salón m. *lounge* — 27
salsa f. *sauce* — 38
salud f. *health* — 71
¡salud! int. *cheers!* — 138
saludar v. *to greet* — 91
sanfermines n.p. *sanfermines (Pamplona)* — 43
sandalias f. pl. *sandals* — 50
sándwich m. *sandwich* — 38
sangre f. *blood* — 13
sano /-a adj. *healthy* — 71
saque de banda m. *throw-in* — 49
saque de esquina m. *corner* — 49
sartén f. *frying pan* — 29
se pron. *him, her* — 123
secador m. *dryer* — 30, 73
seco /-a adj. *dry* — 35
secretario /-a m. y f. *secretary* — 23
seda f. *silk* — 52
seguir v. irreg. *to follow* — 95
seguir + gerundio perif. v. *to continue + inf.* — 110
seguir + participio perif. v. *to still be + participle* — 110
según prep. *according to, depending on* — 132
segundo m. *second* — 84
segundo /-a ord. *second* — 85
segundo plato m. *main course* — 35
seguramente adv. *probably* — 153
seguridad f. *security* — 81
seguridad social f. *social security* — 71
seguro m. *insurance* — 71
seguro de enfermedad m. *health insurance* — 60
seguro de viaje m. *travel insurance* — 60
seis núm. *six* — 86
selva f. *forest* — 56
semáforo m. *traffic lights* — 65
semana f. *week* — 84
Semana Santa f. *Easter* — 43
senderismo m. *hiking* — 47
sentar(se) v. irreg. *to sit down* — 91,111
separación f. *separation* — 16
separado /-a m. y f. *separated* — 16
septiembre m. *September* — 82
séptimo /-a ord. *seventh* — 85
ser v. irreg. *to be* — 93,102, 105
serie f. *series* — 74
serpiente m. *snake* — 55

servilletas f. pl. *napkins* — 31
sesenta núm. *sixty* — 86
setenta núm. *seventy* — 86
sexo m. *gender* — 9
sexto /-a ord. *sixth* — 85
sí adv. *yes* — 131
sierra f. *saw* — 32
siete núm. *seven* — 86
siglo m. *century* — 84
silla f. *chair* — 27
sillón m. *armchair* — 27
simpático /-a adj. *nice* — 10
sin prep. *without* — 132
sino conj. *but* — 134
sobre prep. *on, about, over* — 132
sobrepeso m. *overweight* — 61
sobrino /-a m. y f. *nephew / niece* — 15
sociedad f. *society* — 81
sofá m. *sofa* — 27
sol m. *sun* — 58
solicitud f. *application* — 25
soltero /-a m. y f. *single* — 9
sombra de ojos f. *eye shadow* — 73
sombrero m. *hat* — 52
sombrilla f. *umbrella* — 62
soñar v. irreg. *to dream* — 91
sopas f. pl. *soups* — 37
soso /-a adj. *lacking in salt* — 35
sótano m. *basement* — 27
su pron. *his, her, its* — 124
suave adj. com. *smooth* — 85
subir v. *to lift, to get on* — 95
subtítulos m. pl. *subtitles* — 47
sucesivamente adv. *successively* — 130
sucursal m. *branch* — 77
Suecia n.p. *Sweden* — 9
sueco /-a adj. *Swedish* — 9
suegro /-a m. y f. *father-in-law / mother-in-law* — 15
sueldo m. *salary* — 77
suelo m. *floor* — 33
¡suerte! int. *good luck!* — 138
sujetador m. *bra* — 51
suplente com. *substitute* — 23
Sur m. *South* — 85
sus pron. *his, her its, theirs* — 124
susto m. *fright* — 158
suyo /-a pron. *his, hers, its* — 124
suyos /-as pron. *theirs* — 124

tal vez adv. *perhaps, maybe* — 131
taladradora f. *drill* — 32
talla f. *size* — 53
tamaño m. *size* — 84
también adv. *also, too, as well* — 131

tampoco adv. *not either, neither, nor*	131	
tan adv. *so, such*	130	
tanga f. *thong*	51	
tanto adv. *so much, so many*	130	
tapas f. pl. *tapas*	35	
tardar v. *to be slow, to be late*	91	
tarde adv. *late*	129	
tarjeta amarilla f. *yellow card*	49	
tarjeta de crédito f. *credit card*	77	
tarjeta de Navidad f. *Christmas card*	43	
tarjeta prepago f. *prepaid card*	79	
tarjeta roja f. *red card*	49	
tarta f. *cake*	36	
taxi m. *taxi*	67	
taza f. *cup*	31	
te pron. *you, yourself*	123	
té m. *tea*	37	
teatro m. *theatre*	44	
techo m. *ceiling*	33	
tecla f. *key*	79	
teclado m. *keyboard*	78	
tejado m. *roof*	33	
telediario m. *newscast*	74	
teléfono m. *phone*	25	
teléfono fijo m. *fixed line*	79	
teléfono móvil m. *mobile phone*	79	
televisión f. *television (TV)*	74	
televisor m. *TV set*	27	
temperatura f. *temperature*	59	
temprano adv. *early*	129	
tenedor m. *fork*	31	
tener v. irreg. *to have*	93, 102	
tener + participio perif. v. *to have + participle*	110	
tener alegría fr. v. *to be happy*	113	
tener calor fr. v. *to be hot*	113	
tener frío fr. v. *to be cold*	113	
tener hambre fr. v. *to be hungry*	113	
tener prisa fr. v. *to be in a hurry*	113	
tener problemas fr. v. *to have problems*	113	
tener que + inf. perif. v. *to have + inf.*	110	
tener sed fr. v. *to be thirsty*	113	
tener sueño fr. v. *to be tired*	113	
tener tristeza fr. v. *to be sad*	109	
teñirse el pelo fr. *to tint one's hair*	157	
tenis m. *tennis*	49	
tensión f. *blood pressure*	71	
tercero /-a ord. *third*	85	
terminar v. *to end*	91	
ternera f. *veal*	40	
terraza f. *terrace*	27, 65	
ti pron. *you, yourself*	123	
tiburón m. *shark*	55	
tiempo m. *weather*	58	
tiempo m. *time*	84	
tiempo libre m. *leisure time*	44	
tienda f. *store, shop*	25, 53	
tienda de deportes f. *sports shop*	53	
tienda de ropa f. *clothes shop*	53	
tigre m. *tiger*	55	
tijeras f. pl. *scissors*	29	
tinte m. *dye*	73	
tío /-a m. y f. *uncle / aunt*	15	
tipo de vivienda m. *housing type*	32	
tirar v. *to throw*	91	
tiza f. *chalk*	20	
toalla f. *towel*	30	
tocar v. irreg. *to touch, to play (a musical instrument)*	91	
tocar la lotería fr. *to win the lottery*	158	
todavía adv. *still*	129	
todo /-a pron. *all*	127	
todos /-as pron. *all*	127	
tomar v. *to take*	91	
tomate m. *tomato*	41	
tonto /-a adj. *silly*	10	
tormenta f. *storm*	58	
toros m. pl. *bullfighting*	44	
tostada f. *toast*	37	
tostador m. *toaster*	28	
trabajar v. *to work*	91	
trabajo m. *work*	23	
traducir v. irreg. *to translate*	95	
traer v. irreg. *to bring*	93, 102	
traje m. *suit*	51	
transferencia f. *transfer*	77	
tranvía m. *tram*	67	
trapo m. *piece of cloth*	27	
tras prep. *after, behind*	132	
trastero m. *storage room*	27	
trece núm. *thirteen*	86	
treinta núm. *thirty*	86	
tren m. *train*	67	
tres núm. *three*	86	
triste adj. com. *sad*	10	
trompeta f. *trumpet*	46	
tronco m. *trunk*	56	
trueno m. *thunder*	59	
tu pron. *your*	124	
tú pron. *you*	123	
tulipán m. *tulip*	56	
tumbona f. *sun lounger*	62	
túnel m. *tunnel*	65	
turístico /-a adj. *tourist*	63	
turrón m. *nougat*	43	
tus pron. *your*	124	
tuyo /-a pron. *yours*	124	
tuyos /-as pron. *yours*	124	

U conj. *or (before a word starting in o)* 134
últimamente adv. *lastly* 130
un art. *a, one* 120
una art. *a* 120
uña f. *nail* 13
unas art. *a* 120
Unión Europea f. *European Union* 81
universidad f. *university* 21
uno núm. *one* 86
unos art. *some* 120
usar v. *to use* 91
usted, ud. pron. *You* 123
ustedes, uds. pron. *You* 123
utensilios de cocina m. pl. *cookware* 29
uvas de la buena suerte f. pl. *good luck grapes* 43

Vaca f. *cow* 40, 54
vacaciones f. pl. *vacation, holidays* 20, 44, 62
vacaciones culturales f. pl. *cultural holidays* 62
vacaciones en el mar f. pl. *holidays at sea* 62
vacaciones en la montaña f. pl. *mountain holidays* 62
vago /-a adj. *lazy* 10
vale int. *all right* 137
valer v. irreg. *to cost, to be worth* 93,102
vaqueros m. pl. *jeans* 51
vaso m. *glass* 31
vecino /-a m. y f. *neighbour* 44
vehículo m. *vehicle* 67
veinte núm. *twenty* 86
vela f. *candle* 31
vendedor /-a m. y f. *seller* 24
vender v. *to sell* 93
¡venga! int. *go on!* 137
venir v. irreg. *to come* 95,102
ventana f. *window* 33, 61
ver v. irreg. *to see* 93
veraneo m. *summer holidays* 62
verano m. *summer* 83
verde adj. com. *green* 84
verdura f. *vegetables* 41
versión original f. *original version* 47
vestido m. *dress* 51

vestir(se) v. irreg. *to get dressed* 95, 111
viajar v. *to travel* 91
viaje m. *trip* 60
vida f. *life* 45
viento m. *wind* 58
viernes m. *Friday* 83
vinagre m. *vinegar* 41
vino m. *wine* 38
violín m. *violin* 46
viscosa f. *viscose* 52
visita f. *visit* 63
visitar v. *to visit* 91
vitamina f. *vitamin* 148
viudo /-a m. y f. *widower / widow* 16
vivienda f. *housing* 32
vivir v. *to live* 95
volver v. irreg. *to return, to turn* 93
volver a + inf. perif. v. *inf. + again* 110
vómito m. *vomit* 70
vosotros /-as pron. *you* 123
votación f. *vote* 81
vuelo m. *flight* 61
vuelo directo m. *direct flight* 61
vuestro /-a pron. *your, yours* 124
vuestros /-as pron. *your, yours* 124

Y conj. *and* 134
ya adv. *already* 129
yerno m. *son-in-law* 15
yo pron. *I* 123
yogur m. *yogurt* 40

Zanahoria f. *carrot* 41
zapatería f. *shoe shop* 53
zapatillas f. pl. *shoes* 50
zapatillas de... f. pl. *...shoes* 50
zapatos m. pl. *shoes* 50
zona f. *area* 65
zoo m. *zoo* 63
zorro /-a m. y f. *fox* 55
zumo m. *juice* 38
zumo de naranja m. *orange juice* 38

This book contains all you need to reach an elementary Spanish level.
It corresponds to levels A1 and A2 of the *Common European Framework of Reference for Languages*.

The initial part presents a thematic vocabulary selection of over 1200 words corresponding to a basic level. Next there is a series of 200 verbs chosen for the functionality of their use, their regular and irregular conjugation and the tenses which suit the book's general level. The following section contains the rest of the elements useful for building Spanish phrases. The "cutlet" format makes it easier to gain an overview of the ideas. At the end, some of the most commonly used phrases are presented in categories, along with some dialogues which can help you have a first go with the language in a natural form.

The whole book is illustrated with dynamic, fun, comic-type illustrations providing visual support to help the student with memorisation.

ISBN 978-84-9848-208-9

9 788498 482089